中等职业教育中餐烹饪专业教材

餐饮成本核算
（第二版）

CANYIN CHENGBEN
HESUAN （DIERBAN）

刘雪峰　滕家华◎主编

U0952089

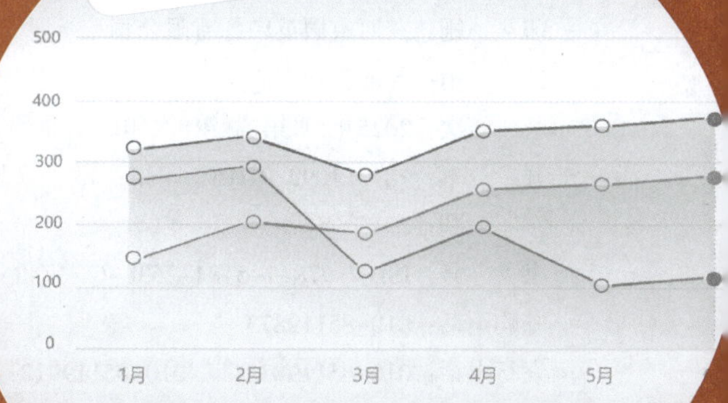

中国轻工业出版社

图书在版编目（CIP）数据

餐饮成本核算 / 刘雪峰，滕家华主编. — 2版. —北京：中国轻工业出版社，2025.1

中等职业学校中餐烹饪与营养膳食专业教材

ISBN 978-7-5184-2638-6

Ⅰ. ①餐… Ⅱ. ①刘… ②滕… Ⅲ. ①饮食业—成本管理—中等专业学校—教材 Ⅳ. ①F719.3

中国版本图书馆CIP数据核字（2019）第206836号

责任编辑：史祖福　贺晓琴　　责任终审：张乃柬　　设计制作：锋尚设计

策划编辑：史祖福　　责任校对：吴大朋　　责任监印：张京华

出版发行：中国轻工业出版社（北京鲁谷东街5号，邮编：100040）

印　　刷：三河市国英印务有限公司

经　　销：各地新华书店

版　　次：2025年1月第2版第8次印刷

开　　本：787×1092　1/16　印张：13

字　　数：291千字

书　　号：ISBN 978-7-5184-2638-6　定价：36.00元

邮购电话：010-85119873

发行电话：010-85119832　　010-85119912

网　　址：http://www.chlip.com.cn

Email：club@chlip.com.cn

版权所有　侵权必究

如发现图书残缺请与我社邮购联系调换

250044J3C208ZBW

本书编委会

主　编　刘雪峰　滕家华

副主编　宋　旭　吴　涛　刘　宾
　　　　蔺圣翠

参　编　夏　琳　原　静　徐立文
　　　　赵齐元　吕伟琳　樊　蕊
　　　　李志宝　吴长华　吴　晶
　　　　黄　勇

第二版前言 PREFACE

“餐饮成本核算”是烹饪专业的一门主要课程，既有较强的理论知识性，又具有指导实践的可操作性，涉及数学基础知识和烹调与餐饮业的专业生产技术，是餐饮业管理系统工程中必不可少的一门应用型课程。

改革开放40多年来，餐饮业得到了长足的发展，在发展过程中，餐饮管理成为餐饮业特别是个体经营者在经营过程中的瓶颈，而餐饮成本核算作为餐饮管理的重要组成部分，更是受到餐饮经营者的高度重视。为解决这一问题，在烹饪教学与实践的基础上，编写了本教材。教材中对现阶段餐饮业做了分析和介绍，对餐饮成本核算与控制做了全面阐述，系统地介绍了餐饮成本核算方面的基础知识和基本核算方法，同时补充了一些与餐饮成本核算有关的课外知识，力求扩大学生知识面、体现当前职业教育改革的精神，以培养精通技术、善于管理的烹饪人才。

在教材编写过程中，按照教学大纲和教学计划的要求，注意循序渐进，做到深入浅出，难易适中。教材以模块学习的方式呈现，通过讲解、计算与练习，达到融会贯通，利于学生自主学习，掌握模块中的要点；注意教材知识的全面性和科学性，突显指导性强、操作性好的特点。

本书由山东省城市服务技师学院中餐学院、烟台海博鲁菜研究中心组织编写，山东省城市服务技师学院刘雪峰和烟台工贸技师学院滕家华担任主编，山东省城市服务技师学院宋旭、烟台市旅游公共服务中心吴涛、山东省城市服务技师学院刘宾、山东省城市服务技师学院蔺圣翠担任副主编，参编人员有山东省城市服务技师学院的夏琳、原静、徐立文、赵齐元、吕伟琳、樊蕊和广东省粤东技师学院李志宝、江苏省滨海中等专业学校吴长华、无锡旅游商贸高等职业技术学校吴晶、溧阳市天目湖中等专业学校黄勇。本书由江苏省徐州技师学院钱峰负责主审。

在本书编写过程中，参考和借鉴了有关书籍和资料，同时得到烹饪专业老师和行业前辈与同行的支持、帮助，在此致以衷心感谢。

由于编写团队水平有限，书中错漏之处在所难免，恳请广大读者批评指正。

编者

2019年6月

PREFACE 第一版前言

改革开放以来，中国餐饮业发展迅速。据国家统计局发布的数据，2012年我国餐饮业总收入为20635亿元，比2011年增长16.9%。随着行业规模的不断扩大，餐饮企业之间的竞争也日趋激烈。由于餐饮业原材料种类繁多，进出频繁，损耗严重，计算偏差大，稍不注意就会影响企业利润。现实中，片面追求营业额上升，忽视营业成本控制，导致企业无法继续经营的案例比比皆是。因此，选择科学的核算方法，降低运营成本，提高企业收益，是保证餐饮企业在竞争中制胜的法宝。

本教材的编写内容是根据当前餐饮成本核算的成熟理论体系逐步展开的，其特点在于将成本核算的基本原理和餐饮业的经营特点紧密结合起来，具有很强的针对性和指导意义。同时，根据中职院校学生的具体特点和学习要求，本教材的编写既注意文字的深入浅出，又将最新的研究成果反映到教材中，使之具有较强的实用性和前瞻性。

本书的内容包括：餐饮成本核算概述、主料和配料成本核算、调味品成本核算、餐饮产品的成本核算、餐饮产品价格核算、宴席成本核算、餐饮成本管理等。本书既可作为职业院校烹饪、面点、旅游、酒店、餐饮管理等专业的教材，也可作为餐饮行业职工培训教材。

本书由山东省城市服务技术学院技师工作站组织编写，刘雪峰、董连才任主编，邓海清、宋旭任副主编，李霞负责主审，参编人员有修国文、佘春荣、张万杰、陆敏、张会静、吕守奎、徐希江、张翰。

在编写过程中，编者参考并引用了相关的书籍，在此向有关作者致以诚挚的谢意。

由于水平有限，加之时间仓促，书中疏漏、错误在所难免，恳请读者不吝赐教，以期使之日臻完善。

编者

2013年3月

CONTENTS 目录

模块 1 概述

◎ 学习目标

1. 了解餐饮业的经营特点
2. 掌握餐饮业成本构成的内容
3. 了解餐饮产品成本的分类
4. 掌握餐饮产品成本的要素
5. 了解餐饮产品成本核算的意义
6. 了解餐饮产品成本核算的作用
7. 了解学好餐饮产品成本核算的要求

俗话说："民以食为天。"食，是人们最基本、最重要的生活内容之一。现代社会的餐饮已经超出了人们仅为满足口腹之欲的单一要求，进入了一个综合性服务的阶段。其发展水平的高低，可以从侧面反映出一个国家或民族开发利用自然资源的能力，标志着其社会物质文明和精神文明的发达程度。餐饮业不仅为人们的日常生活服务，也为人们之间的经济交往服务。大力发展餐饮业，对于繁荣社会经济，提高人民群众的物质和文化生活水平，促进旅游业发展，进而推动经济和社会发展与进步具有重要意义。

中国餐饮业历史悠久，丰富的饮食文化、多民族的饮食习俗、精湛的烹饪技艺，在世界享有盛誉。随着我国的改革开放，各行业的管理与国际接轨，如何提高餐饮企业的竞争能力，使传统的餐饮业更具活力，跟上时代的步伐，是餐饮行业工作人员必须面对的问题。

餐饮业是由从事餐饮生产经营的单位和部门所组成的行业，属于第三产业，是国民经济的重要组成部分。餐饮业是劳动密集型产业，在国民经济领域中发展较快。开展与加强对餐饮生产经营成本的核算和控制，对于促进餐饮企业改善经营管理、制定合理的餐饮产品销售价格、降低消耗、提高经济效益、实施正确的经营决策等都具有重要意义。

学习笔记

项目一　餐饮业的经营特点

餐饮业是专门从事烹饪原料加工、烹制调味、出售餐饮制成品并提供消费场所、设备和服务性劳动，以满足餐饮消费者需要的行业。一般包括各类面向社会服务的宾馆、酒店、饭店、酒家、餐馆、饭庄、快餐店、甜食店、小吃店、冷饮店、西餐厅、酒吧、茶社，以及餐饮排档、摊贩，还包括交通运输中心、度假村、游乐场、歌舞娱乐场所中的餐饮部门等。这些都是商业性的餐饮业和部门，它们都以营利为目的，并以此获得生存与发展，也是餐饮行业的主体。从广义上讲，餐饮业还应包括以后勤保障为主要目的的餐饮服务部门，如学校、医院、疗养院、各类社会团体、企事业单位的食堂等。

餐饮业是国民经济领域中的一个快速发展且发展前景良好的行业。它的经营活动既不同于一般的生产活动，又不同于一般商业企业的买卖活动，具有自己的特点。

一、生产、销售、服务三位一体

餐饮企业从市场上购进原材料，通过自己的厨房加工制作出各种菜肴和面点，并将其直接销售给消费者，同时还要为消费者提供就餐的场所和热情周到的服务。从餐饮产品的加工制作来看，它具有生产企业的性质；从餐饮产品的直接销售来看，它具有零售商业企业的性质；而从销售过程中为消费者提供场所、用具、服务等方面来看，它又具有服务企业的性质。因此，餐饮企业同时具有生产、销售和服务三种职能。

二、经营与消费过程统一

餐饮企业是直接向消费者提供产品和劳务的，必须直接接触消费者，才能达到经营活动的目的。它和工农业产品供应不同，工农业产品一般要经过流通环节提供给消费者消费，其生产、销售和消费不在同一时间和地

学习笔记

点进行。而对餐饮业来说，当消费者进入餐饮经营场所之时，餐饮服务人员即要开始提供相应的服务。消费者点菜，本身就是餐饮企业的一种销售行为。厨房生产人员按照消费者所需要的品种和质量要求制作餐饮产品，即为生产环节；将餐饮产品端上餐桌供消费者食用时，即为消费环节。因此，餐饮企业的经营活动与消费者的消费活动是在同一时间和同一地点进行的，经营活动与消费活动同时发生。这种面对面直接服务于消费者的特点，对餐饮企业在硬件设备设施、工艺技术、员工素质等诸多方面都提出了更高、更直接的要求。

三、劳动密集型产业

根据生产要素供给的密集程度不同，一般将产业划分为劳动密集型、资本密集型和技术密集型三种。所谓劳动密集型，是指劳动要素在生产要素的投入中所占比重较大。餐饮行业是技术装备程度不高、容纳劳动力较多的产业。同时，餐饮业要求技术工艺性强，并以单件生产和手工操作为主，且餐饮业原材料切配、烹调技术、菜点制作、造型与雕花、各地的名菜名点及特色菜点等，都有其独特的技艺与规程。所以，餐饮产品的制作要借助手工操作的技能技巧发挥来完成，绝非是靠机器所能完成的。因此，在相当一段时期内，餐饮业难以形成统一的现代化生产及管理模式。

餐饮业是比较典型的劳动密集型产业之一，具有投资少、资金周转快、能吸纳较多劳动力就业等特点。这些特点决定了员工工资费用在餐饮成本中占有较大的比重。根据国情，我国的劳动力资源和自然资源相对丰富，积极发展劳动密集型的餐饮业，对于促进国民经济发展、创建和谐稳定的社会秩序具有重要的作用。

四、地方特色突出

餐饮业是在长期的历史发展过程中，随着人类对餐饮的不断追求而发展起来的。不同国家、地区、民族的地理环境和生活习惯不同，在餐饮产品的原材料使用、加工方法、烹调技艺和饮食习惯上也有许多不同。

我国地域辽阔、人口众多，又是一个多民族的国家。各地区、各民族的生活习惯不同，消费方式各异。因此，形成了地区间、民族间在餐饮和服务需求上的差别。例如，山西人爱吃醋，云贵川人喜食辣，江南人偏爱甜，东

学习笔记

北人偏重咸等。同时，餐饮业产品、劳务的交换活动也不同于一般商品的交换，主要是就地消费与服务。这就要求餐饮业在经营上必须因地制宜，符合当地消费者的餐饮需要。因此，餐饮企业经营成功与否的关键在于突出风味特点，办出经营特色，坚持以产品特色和服务质量取胜。

餐饮特色经营，是餐饮产品和服务的创新，是餐饮业竞争力的体现。在经营中努力创造出经营特色，是餐饮经营的重要目标。什么是特色？特色就是个性、差异，就是与众不同。什么是餐饮特色经营？就是餐饮企业在经营过程中，采取符合自身情况的、被消费者认可的、能带来经济效益并具有明显个性特征的设计和做法。餐饮业的经营特色是餐饮企业经营者对生产要素中人、财、物、信息、资源在市场中创造性的组合，是经营能力的综合体现。餐饮经营者要加大开发力度，不断挖掘、借鉴、联想、创新，以地方风味、民族特点、绿色餐饮等打造特色，并让消费者认知特色、传播特色，扩大知名度。

扩大餐饮特色影响的主要途径有：一是直接向消费者宣传；二是消费者认知后相互传播；三是利用新闻媒介宣传。其中第二种途径效果最佳。

五、经营方式灵活多样

过去人们用餐只是为了充饥，但随着经济发展和人们生活水平的提高，“吃”不再仅仅是为了果腹，而且还为满足心理、审美等多方面的需求。因此，消费者对餐饮产品质量有了更高要求。“民以食为天”“食以味为先”，中国菜品讲究“色、香、味、形、器、养”，以味为核心。天天吃同一种菜肴，会食之无味，人们更希望换换口味，追求新鲜感。在这种情况下，为了迎合消费者的需求，无论何种形式的餐饮，都要不断地推陈出新，在保持经营特色的基础上，开发出新产品、新口味。

餐饮企业在用餐方式上也要不断更新。传统的经营方式是消费者进入餐厅后，由服务员提供菜单进行点菜，而现在不少就餐者在餐饮活动中常有一种求异、求新的心理，不再固守于陈旧的进餐方式，而是时时刻刻都在追求进餐方式的变革。如今现代人的消费观念转变，不再讲究排场，而是力求简单、自由的就餐方式，同时在就餐环境氛围上也产生了新的要求，或要求环境清静幽雅，或要求温馨舒适，或要求热烈喜庆。在这种情况下，各种方便、快捷的餐厅便应运而生。如连锁快餐餐饮店满足了人们快捷的要求，超市餐饮满足了人们追求自由、无拘束的要求；而外卖式餐厅、休闲式餐厅则

学习笔记

满足了人们求新、求变的心理需求。

灵活经营是餐饮业的一种营销策略。打破一日三餐的传统经营格局，采用灵活多样的经营方式，能广泛吸引消费者，扩大餐饮产品销售，其具体经营方式也会得到不断地更新，如：美食节、风味小吃一条街、啤酒节、烧烤吧、乡村绿色餐饮等。如今，随着人们生活水平的不断提高、生活节奏的加快、消费观念的更新，餐饮企业也在不断转变经营方式，餐饮市场正以连锁经营、特色经营、专业经营、配送服务等现代经营方式快速发展。

总之，上述餐饮业的经营特点与餐饮产品的成本构成有着密切的关系。换而言之，正是这些特点，导致了餐饮业的成本构成与其他行业成本构成之间的差异。

学习笔记

项目二 餐饮业成本构成

一、餐饮业成本含义

餐饮业成本是指餐饮企业在生产和供应餐饮产品的过程中所发生的各种耗费和支出的总和，即餐饮企业在生产经营过程中所耗费的物化劳动和活劳动的货币表现。根据餐饮业的经营特点，餐饮业成本包括生产成本、销售成本和服务成本。具体包括：原材料消耗、员工工资、水电费、燃料费、物料用品消耗、低值易耗品摊销、租赁费、固定资产折旧、办公费、广告费、维修费、其他支出等。

在任何一个餐饮企业里，原材料成本和人工成本在餐饮成本中都占有较大的比重。可以说，这两种成本的高低在很大程度上决定了餐饮管理能否实现企业的财务目标。因此，餐饮企业管理者应特别重视对原材料成本和人工成本的管理和控制。表1–1是某餐饮企业成本费用构成表，它直观地反映出该餐饮企业各成本费用项目的构成情况。

表 1–1 某餐饮企业成本费用构成表

成本费用项目	比重 /%
原材料	50
职工薪酬（基本工资、附加工资、奖金、津贴）	17 ~ 28
燃料	1
物料用品	1 ~ 3
低值易耗品	6
职工福利	3
水电费	2
企业管理费	1
其他支出	6
合计	87 ~ 100

学习笔记

二、餐饮业成本分类

餐饮业成本分类的目的在于根据不同成本采取不同的管理和控制策略。餐饮业成本可以从不同角度进行分类，主要有以下几种分类方式。

（一）按其与业务量关系不同分为固定成本和变动成本

1. 固定成本

固定成本是指不随业务量（如产量、销售量或销售额）的变动而变动的那些成本。如固定资产的折旧费、租赁费等，它们在一定时期内是不随业务量的变动而变化的。

2. 变动成本

变动成本是指在一定时期内和一定条件下，随着业务量的变动而变化的那些成本。如原材料成本、水电费等，它们会随着餐饮产品产量的增加而增加，因此原材料成本和水电费等属于变动成本。

此类划分主要是为损益分析和成本控制提供理论依据。高层管理以固定成本控制为主；中低层管理则以变动成本控制为主，尽量降低成本费用。在将成本划分为固定成本和变动成本后，就可以利用数学方法分析业务量、成本和利润（简称量本利）三者之间的盈亏平衡关系。通过量本利分析，可以加强对成本的管理和控制，提高企业的经济效益。

（二）按其可控程度不同分为可控成本和不可控成本

1. 可控成本

可控成本是指在餐饮管理中基层各单位（部门）通过自身的努力能够控制的成本，即在短期内可以改变其数额大小的那些成本。一般而言，变动成本属于可控成本。管理人员若变换每份菜的份额，或在原材料的采购、验收、储存、生产等环节加强管理和控制，则餐饮产品成本也会随之发生变化。某些固定成本也属于可控成本，如广告费、管理费等，又如有关操作人员通过个人精湛的技艺和工作责任心，可节约原材料、物料消耗品和水电能源等的耗费，使其降低或控制在一定的成本范围内。对可控成本的管理是餐饮成本控制的重要方面。

学习笔记

2. 不可控成本

不可控成本是指在餐饮管理中基层各单位（部门）通过努力也难以控制，只有高层管理才能掌握的那些成本。固定成本一般属于不可控成本，如租金、保险费、固定资产折旧费等。这些都是按有关制度规定支出的，都是经营管理人员无法通过努力来改变其数额大小的，因此，属于不可控成本。

此类划分主要是为成本管理和控制的分工和重点掌握提供依据。中、基层管理部门以可控成本控制为主，高层则以不可控成本管理和控制为主。

（三）按其与产品形成的关系不同分为直接成本和间接成本

1. 直接成本

直接成本是指在产品生产过程中直接耗用于成本中的那些支出。如餐厅烹制菜肴和制作面点所需的各种原材料费（包括主料、配料、调料）就属于直接成本。

2. 间接成本

间接成本是指在产品生产过程中不能直接计入产品成本而必须采用一定的方法进行分摊的各项耗费，如工资、水电费、燃料费等。

此类划分的作用，在于为部门和整个企业成本核算提供理论依据。部门以直接成本核算为主，企业以间接成本核算为主。

（四）按其成本计算的对象不同分为总成本和单位成本

1. 总成本

总成本是指一定时期内为生产制作某种（类、批）或全部餐饮产品而发生的全部成本总额。

2. 单位成本

单位成本是指生产制作单位餐饮产品所耗费的成本额。

餐饮业计算成本的对象是单位餐饮产品，所以，通常所说餐饮业的产品成本，是指单位餐饮产品的成本。

精确计算餐饮产品的单位成本和总成本是成本核算的核心。

学习笔记

三、餐饮业成本构成

根据餐饮业的经营特点，餐饮业成本应由生产成本、销售成本和服务成本三种成本构成。但由于餐饮业的生产、销售、服务统一在一个企业里实现，除原材料外，其他投入（如职工工资等）很难分清用于哪个环节，哪个产品，难以分别进行具体核算，习惯上只计算其生产成本部分。本教材只以原材料作为核算餐饮产品成本的要素，暂不考虑其他投入。

四、餐饮业产品成本构成的三要素

餐饮业用以烹制餐饮产品的原料，有粮、油以及鸡、鸭、鱼、肉、蛋、乳、山珍、海味、水果、蔬菜、干货等。根据其在餐饮产品构成中的不同作用，通常划分为三大类：主料、配料（也称辅料）和调料（也称调味品）。这三类原材料成本构成了餐饮产品的成本，是核算餐饮产品成本的基础，是构成餐饮产品成本的三要素。

（一）主料

主料是指制成各种餐饮产品的主要原料，它构成餐饮产品的实体，通常以米、面、鸡、鸭、鱼、肉、蛋、山珍、海鲜、干货等为主，也有以水果、蔬菜、豆制品等作为菜肴主料的。一般来说，主料的单位价值较高、耗用量较多，故所占成本的比重也较大（70%以上）。主料成本是构成餐饮产品成本的主体。

（二）配料

配料，也称辅料，是指制成各种餐饮产品的辅助材料。在各式菜肴、羹汤中充作配料的，以各种蔬菜的根、茎、叶、花、果为主，以鱼、肉、禽、蛋等次之，耗用量少于主料，单位价值也大多低于主料。

（三）调料

调料，也称为调味品，是指制成各种口味餐饮产品的调味用料，如油、盐、酱、醋、胡椒、味精等，主要起口味的综合或调节作用。调料在餐饮单位产品中耗用量比较少，所占成本比重也比较低，但却是不可缺少的。随着新调料的不断推出，一些餐饮产品调料成本所占的比重也有不断上升的趋势。

（需要说明的是，有些教科书将燃料费也列入餐饮产品成本。从理论上讲，燃料费应计入餐饮产品成本，但在实际工作中，由于很难核算出单位餐饮产品所耗用的燃料费，而且根据成本效益原则，也没有必要花费很大的精力去核算单位产品所耗用的燃料费，故本书将燃料费作为间接费用处理，不列入餐饮产品成本中。）

学习笔记

学习笔记

项目三　餐饮成本核算的意义

一、餐饮成本核算的含义

餐饮成本核算是指对餐饮企业生产和销售的一定种类和数量的餐饮产品所耗用的原材料进行综合计算，从而求出某种餐饮产品的总成本和单位成本的工作过程。要知道餐饮产品的成本是多少，就必须对餐饮产品的生产耗费进行计算，那就要记账、算账，建立和健全各项制度，以便对餐饮企业的经营活动过程进行记录和分析，对生产投入和产出的成果进行比较。这种在餐饮生产经营活动中的记账、算账、分析、比较过程，就是一般意义上的餐饮产品成本核算。

餐饮成本核算，不仅包括餐饮产品成本核算，还包括燃料、人工成本、水电费等营业费用的核算，甚至还包括对由于管理疏漏造成的损失进行核算。餐饮成本核算是餐饮成本控制的必要手段，也是进行餐饮成本控制的基础。

二、餐饮成本核算的意义

餐饮产品成本是餐饮企业在生产制作餐饮产品过程中所耗费的原材料支出。餐饮企业在保证产品的产量和质量的前提下，产品成本率越低就表示企业工作质量越好，生产经营管理水平越高。正确核算餐饮产品成本，有助于合理制定餐饮产品销售价格，维护消费者的利益，有效降低消耗，争取以尽可能少的投入获得尽可能多的产出，促进企业改善经营管理、提高经济效益。因此，加强餐饮成本核算具有十分重要的意义。

（一）维护消费者的利益

由于餐饮产品的销售价格是以原材料的消耗为依据，并按一定的毛利率计算出来的，因此原材料的消耗是整个成本核算的核心和关键。餐饮企业都要在一定的时间里进行原材料的成本核算，以便为合理制定餐饮产品价格奠定基础。如果成本核算不准确，实际用料就不可能准确，质量就无法保证，价格也难以合理。因此，必须认真做好成本核算，做到价格合理，这是维护消费者利益的前提。

（二）使企业合理盈利

餐饮企业在满足消费者餐饮需求的同时，还担负着为本企业和国家提供盈利以及积累资金的任务。正确地进行餐饮成本核算，可以合理地使用原材料，减少损耗，降低原材料成本，提高餐饮企业原材料的利用率，增加利润，为企业和国家积累资金；它是正确处理国家、企业和消费者之间利益关系的关键。如果成本核算不准，势必会影响经营成果，减少盈利，甚至会造成不应有的损失。因此，必须认真把好成本核算这道关，使企业更好地适应社会主义市场经济的发展，为社会主义现代化建设服务。

（三）促进企业改善经营管理

成本是反映企业经营活动数量和质量的综合性指标。成本核算是企业经营管理的重要内容之一。通过全面的成本核算，能及时掌握餐饮部门的营业收入、劳动效率、菜肴及面点的数量和质量、原材料消耗以及各种费用开支等情况，为财务和管理部门提供及时、准确的成本和各项费用资料。管理部门运用这些资料与计划进行对比、分析研究，从中发现经营管理中的薄弱环节，并采取相应的措施。此外，成本核算中提供的资料，对新产品的研究和开发以及改进生产制作工艺、提高产品质量等都有极其重要的作用。加强成本核算，强化管理，必将提高企业的管理水平和经济效益。

三、餐饮成本核算的作用

（一）为合理制定餐饮产品的销售价格奠定基础

餐饮部门生产制作各种菜肴面点，首先要选料，并测算净料的单位成本，然后按菜点的质量要求和构成内容确定主料、配料和调料的投料数量。各种用料的净料单位成本和投料数量确定后，菜点的总成本即能计算出来。在此基础上，按企业规定执行的毛利率或成本率幅度，餐饮产品的销售价格便可准确地计算出来。即：

学习笔记

学习笔记

$$\text{餐饮产品销售价格}=\frac{\text{成本}}{\text{成本率}}=\frac{\text{成本}}{1-\text{销售毛利率}}=\text{成本}\times(1+\text{成本毛利率})$$

显然，餐饮产品的成本是计算销售价格的基础。成本核算的正确与否，将直接影响销售价格的准确性。因此，要想制定合理的销售价格，就必须有准确的成本核算。

（二）为生产操作规范配料提供标准

各餐饮企业根据本企业的实际情况和技术专长，都有自行设计和定型的菜谱，菜谱规定了原料配方，规定了各种主料、配料和调料的投料数量、成本以及烹调方法和操作过程等。因此，菜谱实际上控制了餐饮产品质量和成本。餐厅内供应的各品种餐饮产品的构成内容和投料数量填写到投料单上后，刀工按其投料名称、数量如数切配和搭配，烹调师按其质量要求，准确加入各种调味品。因此，成本核算为生产加工的各个工序操作的投料提供了一个标准，使菜点的投料数量准确，并可防止缺斤少两的现象发生，从而保证了菜点的质量。

（三）揭示餐饮产品成本升降的原因，寻求合理降低成本的途径

餐饮企业制定的菜谱标准成本，为厨房烹饪过程中的成本控制提供了标准依据。但是，餐饮产品实际耗用的原材料成本往往会偏离标准成本，即高于或低于标准成本。这时可以通过成本核算查找实际成本与标准成本之间产生差异的原因，如：原材料是否充分利用？净料率测算是否准确？净料单位成本是否准确？是否按规定的标准投料……通过分析找出成本忽高忽低的原因，并提出改进的意见，促使有关部门采取相应的措施，加强净料率的测算和净料单位成本的测算，使投料规范化、制度化，使实际耗用的原材料成本越来越接近或达到标准成本，从而使这种偏差越来越小，以达到控制成本的目的。

通过成本核算，可以从所取得的实际产品成本资料中，分析产品成本升降的原因，揭示成本变动的规律性，寻求降低成本的合理途径，以改善企业的经营管理，提高经济效益。

四、餐饮成本核算的要求

餐饮成本核算是餐饮企业经营管理的一项重要内容。餐饮企业的员工是

学习笔记

餐饮成本核算的具体操作者和执行者。因此，一定要认真学习，掌握餐饮成本核算的基础知识和基本技能。其具体要求如下。

（一）思想上提高认识

成本核算是经济核算工作的重要组成部分。但是，就餐饮成本核算来说，它同时也是烹饪技术的一个组成部分，所以餐饮产品成本的核定，不能没有烹饪技术人员的参与。要使核定的成本在每一件餐饮产品中得到精确的体现，尤其有赖于烹饪技术人员在实际操作中的严格把握。因此，任何只会生产操作，不懂成本核算，不会合理地计算并使用原材料的厨师，其业务技术的发展都会受到一定的限制；只有既会操作，又懂核算，还能合理选料、用料，制作适合消费者需要的物美价廉的餐饮产品的厨师，才是全面发展的烹饪技术人员。如果一位烹调技术人员或管理者只会生产技术，不会成本核算，他就不能算是一位合格的烹调技术人员，更不能算是一位合格的管理者，他上岗后很难做好生产和管理工作，很难大有作为。即使是在电子计算技术高度发达的今天，“电脑不能完全代替人脑”，电子计算器和电子计算机作为计算工具，不会懂得如何进行成本核算、怎样进行核算、运用什么方法进行计算，还是要靠人运用成本核算知识进行计算。只有正确把握，才能计算出准确数据，餐饮产品成本和销售价格才会准确无误。

所以，要提高对餐饮产品成本核算的认识，认真学习，熟练掌握餐饮成本核算知识，做一个既能做、又会算、全面发展的生产者和管理者。

（二）学习上扎扎实实

在餐饮成本核算的学习过程中，要认真刻苦，真正掌握餐饮产品成本的构成要素，了解各个生产、经营环节对餐饮产品成本的影响，明确合理降低餐饮产品成本的途径；要反复练习，提高运算能力，切实掌握主料、配料和调味品以及餐饮产品的成本核算方法，精通各种毛利率的换算，最终能迅速、准确地核定各种餐饮产品的成本和销售价格。

（三）技术上精益求精

要做好餐饮产品成本核算工作，必须勤学苦练，提高餐饮产品生产技术与操作水平，严格按照产品成本核定的标准，投放和使用原材料，努力提高原料的净料率，做到一料多用并充分利用下脚料，实现物尽其用，尽可能降低原材料成本。只有在技术上精益求精，才能达到提高经济效益的目的。

学习笔记

（四）制度上严格把关

餐饮成本核算涉及原材料的采购、验收、储存、保管、领料、生产、销售等环节。餐饮企业要在各个环节上建立有效的管理制度，按制度严格把关，检查验收质量、重量、数量，督促生产制作过程，认真核算成本、售价，确保生产经营全过程核算的准确性，达到提高企业管理水平和经济效益的目的。

学习笔记

检查评价

内容回顾

本模块介绍了餐饮业的经营特点、餐饮业的成本分类、餐饮业的成本构成、餐饮产品成本的要素及餐饮成本核算的意义和作用。餐饮产品成本的要素主要有主料、配料和调料。通常餐饮产品成本是主料成本、配料成本和调料成本之和。只有了解成本与经营管理费用的区别，才能准确计算餐饮产品的成本。在此基础上，充分认识餐饮成本核算的重要性和作用，通过产品成本核算，制定餐饮产品的销售价格，控制产品成本，有效降低消耗，促进企业改善经营管理，提高经济效益。

强化演练

一、填空题（请将正确答案填入题内横线上）

1. 餐饮企业同时具有生产、______和______于一体的特点。
2. 餐饮企业的经营过程是______过程和______过程的统一。
3. 餐饮业属于______产业。
4. 餐饮业具有较强的______特色和______的经营方式。
5. 餐饮产品成本的三要素是______、______和______。
6. 餐饮成本核算为合理制定餐饮产品的______奠定基础。
7. 餐饮成本核算为______提供标准。

二、单项选择题（每小题的四个备选答案中只有一个是正确的，请将正确答案的编号填入括号内）

1. 狭义上的餐饮业不包括（　）。

A. 饭店　　B. 餐馆　　C. 快餐店　　D. 食堂

学习笔记

2. 餐饮业属于（　）。

A. 资本密集型产业　　B. 技术密集型产业

C. 劳动密集型产业　　D. 资源密集型产业

3. 下列属于固定成本的是（　）。

A. 固定资产折旧费　　B. 原材料成本

C. 水电费　　D. 燃料成本

4. 下列属于变动成本的是（　）。

A. 固定资产折旧费　　B. 租赁费

C. 原材料成本　　D. 管理费

5. 下列属于可控成本的是（　）。

A. 主料成本　　B. 固定资产折旧费

C. 管理费　　D. 租赁费

6. 下列属于不可控成本的是（　）。

A. 固定资产折旧费　　B. 水电费

C. 原材料成本　　D. 燃料成本

7. 下列不属于直接成本的是（　）。

A. 主料成本　B. 配料成本　C. 调料成本　D. 燃料成本

8. 下列不属于间接成本的是（　）。

A. 工资　B. 水电费　C. 原材料费　D. 燃料费

9. 经营管理人员无法通过努力来改变其数额大小的是（　）。

A. 直接成本　B. 间接成本　C. 可控成本　D. 不可控成本

10. 扩大餐饮特色影响的最佳途径是（　）。

A. 直接向消费者宣传　　B. 消费者认知后相互传播

C. 利用新闻媒介宣传　　D. 户外广告

11. 下列选项中，（　）是构成各种产品的各项耗费之和。

A. 广义上的成本　　B. 成本

C. 价格　　D. 费用

12. 成本是企业管理者（　）的重要依据。

A. 质量标准　　B. 经营决策

C. 人工耗费　　D. 燃料耗费

13. 成本可以为企业经营决策提供（　）。

A. 质量标准　　B. 重要数据

C. 技术数据　　D. 制品标准

学习笔记

14. 餐饮企业具有生产、销售和（ ）于一体的特点。

A. 零点 B. 服务 C. 宴会 D. 预定

15. 成本核算在厨房范围内主要是对（ ）成本的核算。

A. 主料 B. 配料 C. 调料 D. 原料

16. 厨房范围内成本核算包括记账、（ ）、分析、比较的核算过程。

A. 算账 B. 决策 C. 预测 D. 控制

17. 企业管理者对产品生产中（ ）生产费用的支出和产品成本的形成进行核算，就是产品的成本核算。

A. 燃料 B. 人工 C. 各项 D. 原料

三、多项选择题（每小题的五个备选答案中有两个或两个以上是正确的，请将正确答案的编号填入括号内）

1. 餐饮业同时具有的职能是（ ）。

A. 生产 B. 交换 C. 销售

D. 消费 E. 服务

2. 餐饮业的经营特点有（ ）。

A. 同时具有生产、销售、服务三种职能

B. 经营过程与消费过程统一

C. 是劳动密集型产业

D. 具有较强的地方特色

E. 具有灵活多样的经营方式

3. 餐饮业成本按其与业务量关系不同分为（ ）。

A. 可控成本 B. 不可控成本 C. 固定成本

D. 变动成本 E. 直接成本

4. 餐饮业成本按其可控程度不同分为（ ）。

A. 固定成本 B. 变动成本 C. 间接成本

D. 可控成本 E. 不可控成本

5. 餐饮业成本按其与产品形成的关系不同分为（ ）。

A. 可控成本 B. 直接成本 C. 间接成本

D. 固定成本 E. 变动成本

学习笔记

6．餐饮业成本按其成本计算的对象不同分为（　　）。

A．总成本　　B．单位成本　　C．可控成本

D．不可控成本　E．变动成本

7．在外地采购原料的成本包括（　　）。

A．运输费用

B．运输途中发生的合理损耗

C．在外单位仓库储存原料的保管费

D．在外单位仓库储存原料的冷藏费

E．运输途中发生的超额损耗

8．餐饮产品成本的三要素是（　　）。

A．主料　　B．配料　　C．调料

D．燃料　　E．原材料

9．餐饮成本核算的意义是（　　）。

A．维护消费者的利益　　B．使企业合理盈利

C．促进企业改善经营管理　　D．降低餐饮产品成本

E．提高企业经济效益

10．餐饮成本核算的作用有（　　）。

A．揭示餐饮产品成本升降的原因

B．寻求合理降低成本的途径

C．为生产操作规范配料提供标准

D．提高企业经济效益

E．为合理制定餐饮产品的销售价格奠定基础

四、判断题（下列表述中，认为正确的请在题后括号内画“√”，错误的画“×”）

1．餐饮业是由从事餐饮生产经营的单位和部门所组成的行业，属于第三产业，属于劳动密集型产业。（　）

2．餐饮业是国民经济领域中的一个发展较快且发展前景良好的行业。它的经营活动既不同于一般的生产活动，又不同于一般商业企业的买卖活动。（　）

3．餐饮企业同时具有生产、消费和服务三种职能。（　）

4．餐饮业的经营过程与消费过程统一。（　）

学习笔记

5．餐饮业是比较典型的劳动密集型产业之一，具有投资多、资金周转快、能吸纳较多劳动力就业等特点。（ ）

6．餐饮企业经营成功与否的关键在于突出风味特点，办出经营特色，坚持以产品特色和服务质量取胜。（ ）

7．餐饮业的经营特点导致了餐饮业的成本构成与其他行业成本构成之间的差异。（ ）

8．餐饮业成本按其与业务量关系不同分类的目的，主要是为损益分析和成本控制提供理论依据。（ ）

9．餐饮业成本按其可控程度不同分类的目的，主要是为成本管理和控制的分工和重点掌握提供依据。（ ）

10．餐饮业成本按其与产品形成的关系不同分类的目的在于，为部门和整个企业成本核算提供理论依据。（ ）

11．餐饮产品成本的要素不包括燃料费。（ ）

12．调料在餐饮产品中的用量，比主料、配料要少得多，因此其成本不属于餐饮产品成本的组成部分。（ ）

13．广义的成本是指构成各种产品的各项耗费之和。（ ）

14．成本的高低与企业的竞争有关。（ ）

15．餐饮成本是由餐饮销售与产品利润的差构成的。（ ）

16．菜点成本是指构成产品的人工耗费之和。（ ）

17．在厨房范围内，成本核算主要是对耗用原材料成本的核算。（ ）

18．成本核算的任务之一是揭示成本提高或降低的原因。（ ）

19．保证产品质量是成本核算的基本条件之一。（ ）

五、简答题

1．餐饮业有哪些经营特点？

2．什么是餐饮业成本？餐饮业成本分类有哪些？

3．餐饮业产品的成本三要素有哪些？

4．什么是餐饮成本核算？

5．餐饮成本核算的意义有哪些？

6．餐饮成本核算的作用有哪些？

7．学好餐饮成本核算的要求有哪些？

模块 2
主料、配料成本核算

◎ 学习目标

1. 掌握主配料一料一档和一料多档的成本核算方法
2. 掌握半成品和熟制品加工成本的核算方法
3. 掌握调料成本的核算方法
4. 掌握净料率的含义和计算方法，并能利用净料率解决生产中的实际问题
5. 理解成本系数的概念，并能运用成本系数计算变动时的原料成本

主料和配料构成餐饮产品的实体，是产品成本的主要组成部分。要核算餐饮产品成本，就要核算主料和配料的成本，而要核算主料和配料的成本，就必须首先计算净料的单位成本。

学习笔记

项目一　净料与净料率

一、净料的含义

餐饮产品的主料、配料，一般要经过整理、择洗、宰杀、拆卸、泡发、初熟等程序的加工处理后才能用来配制成品。没有经过加工处理、不能直接用来配制成品的原料称为毛料，如：活鸡、活鸭、活鱼、干货、未经择洗的蔬菜等。经过加工处理、可以直接用来配制成品的原料称为净料，如：光鸡、光鸭、净全鱼、已涨发好的干货、经过择洗的蔬菜等。

净料与毛料的划分标准是由每个餐饮产品的具体要求决定的。比如，对于红烧鱼，只需将鱼去鳞、去鳃、去掉内脏、清洗干净就可以作为净料使用了；如果要做一道熘鱼片，那么它仍然是毛料，还需经过去头、去尾、去皮、去骨才能作为净料使用。

用来制作餐饮产品的原料在购进时多为毛料，大都需要经过清理、拆卸等加工处理才能成为净料。在原料由毛料向净料的转变过程中，其重量必然要发生增减变化。一般来说，鲜货原料经过择洗、拆卸等加工处理后其重量将会减少；干货原料经过清洗、涨发处理后其重量将会增加。随着重量的增减变化，原料单位成本也会因此而发生变化，所以必须按变化后的情况进行净料单位成本的核算。

二、净料率及其计算

餐饮企业无论规模大小，每天购进原材料的品种和数量都很多，对于原材料处理后的净重不可能每一样都一一过秤称重，否则工作量就太大了。因此，餐饮企业在长期实践中总结出净料重量变化的规律，就是在原料规格质量大体相同、原料加工处理技术水平类似的情况下，原料的净料重量与毛料重量之间，通常保持有一个相对稳定的比率关系。这个比率就是净料率。应用净料率就可以直接推算出净料重量或净料的单位成本。

学习笔记

（一）净料率的概念

所谓净料率就是净料重量与毛料重量的比率，也就是净料重量占毛料重量的百分比。它说明每百单位的毛料所能产出的净料数。净料率在餐饮行业中也称为“出成率”“出品率”“出材率”“起货率”“生料率”“拆卸率”等，也有被称之为“扣”“成”或“折”的。尽管称谓不同，但都是反映原料加工前后的重量变化关系的。

（二）净料率的计算方法

净料率的计算公式为：

$$净料率=\frac{净料重量}{毛料重量}\times 100\%$$

净料率一般用百分数表示。对于鲜货而言，经加工处理后，净料率一般小于100%；对于干货而言，经加工处理后，净料率一般大于100%。

【例2-1】购进鲤鱼一尾，重2.0千克，经宰杀、去鳞、去鳃、去掉内脏，洗涤后得净鱼1.6千克。试计算鲤鱼的净料率是多少。

解：由公式 $净料率=\frac{净料重量}{毛料重量}\times 100\%$ 得：

$$鲤鱼的净料率=\frac{1.6}{2.0}\times 100\%=80\%$$

答：鲤鱼的净料率是80%。

【例2-2】某酒店购入干银耳3.0千克，冷水涨发后得到水发银耳18.6千克。试计算银耳的净料率是多少。（涨发率）

解：由公式 $净料率=\frac{净料重量}{毛料重量}\times 100\%$ 得：

$$银耳的净料率=\frac{18.6}{3.0}\times 100\%=620\%$$

答：银耳的净料率为620%，即银耳的涨发率为6.2倍。

由于净料分为生料、半制品和熟制品三类，相应地净料率也有生料率、半制品率和熟制品率三种，但其计算公式是一样的。

与净料率相对应的是损耗率。所谓损耗率，是指毛料在加工处理过程中所损耗的重量与毛料重量的比率。其计算公式为：

学习笔记

$$损耗率=\frac{损耗重量}{毛料重量}\times 100\%$$

由于　　净料重量+损耗重量=毛料重量

故　净料率+损耗率=100%=1

三、净料率的应用

根据净料率的计算公式，我们知道净料率、净料重量和毛料重量三者之间的关系，只要知道其中的任意两个量，就可以计算出第三个量。

（一）根据净料率求净料重量

利用已知的净料率，可以根据毛料的重量求出净料的重量。其计算公式为：

$$净料重量=毛料重量\times 净料率$$

或

$$净料重量=毛料重量\times（1-损耗率）$$

【例2-3】某酒店购进干刺参2.5千克，已知干刺参的净料率为500%。试计算可涨发多少千克水发刺参。

解：由公式 净料重量=毛料重量×净料率　得：

水发刺参重量=2.5×500%=12.5（千克）

答：可涨发12.5千克水发刺参。

（二）根据净料率求毛料重量

利用净料率，还可以根据净料的重量求出毛料的重量。其计算公式为：

$$毛料重量=\frac{净料重量}{净料率}$$

【例2-4】某厨房做炝土豆丝，需净土豆16.8千克，若土豆的净料率为70%，问应购进多少千克毛土豆？

解：由公式　$毛料重量=\frac{净料重量}{净料率}$　得：

$$土豆的毛料重量=\frac{16.8}{70\%}=24（千克）$$

答：应购进24千克毛土豆。

【例2-5】某酒店需制作60份红烧蹄筋，每份用水发蹄筋0.4千克，已知

学习笔记

干蹄筋的涨发率为500%。求需购买多少千克干蹄筋？

解：① 60份红烧蹄筋所需水发蹄筋的重量＝60×0.4＝24（千克）

② 60份红烧蹄筋所需干蹄筋的重量＝$\frac{24}{500\%}$＝4.8（千克）

答：需购买干蹄筋4.8千克。

根据所需净料重量，利用净料率可以方便地计算出所需毛料的重量，以便及时、准确地采购原材料。这是餐饮行业中常用的方法。

（三）根据净料率求净料单位成本

利用净料率还可以直接将毛料的进货单价换算为净料单位成本，此法适应于在毛料的加工过程中不产生可以作价的下脚料和废料，这就方便了各种主料、配料成本的计算。其计算公式为：

$$净料单位成本=\frac{毛料进货单价}{净料率}$$

公式推导过程如下：

因为　毛料总值＝净料总值

即　毛料进货单价×毛料重量＝净料单位成本×净料重量

整理后得：

$$净料单位成本=\frac{毛料进货单价\times 毛料重量}{净料重量}$$

可写做：

$$净料单位成本=毛料进货单价\times\frac{毛料重量}{净料重量}$$

故　$净料单位成本=毛料进货单价\div\frac{净料重量}{毛料重量}=毛料进货单价\div 净料率$

【例2-6】某酒店购进油菜12千克，单价2.6元/千克，经择洗整理后得到净油菜9.6千克。求净油菜的单位成本是多少？

解：计算净油菜的单位成本可用两种方法：

第一种方法：

根据公式　$净料单位成本=\frac{毛料进货单价\times 毛料重量}{净料重量}$　得：

学习笔记

$$净油菜的单位成本=\frac{2.6\times12}{9.6}=3.25（元/千克）$$

第二种方法：

根据公式 $$净料率=\frac{净料重量}{毛料重量}\times100\%$$ 得：

$$油菜的净料率=\frac{9.6}{12}\times100\%=80\%$$

根据公式 $$净料单位成本=\frac{毛料进货单价}{净料率}$$ 得：

$$净油菜的单位成本=\frac{2.6}{80\%}=3.25（元/千克）$$

答：净油菜的单位成本为3.25元/千克。

四、净料率的意义

净料率将净料重量与毛料重量有机地联系在一起，能够科学地反映出原材料利用水平的高低。应用净料率能使我们方便、快捷地计算出净料成本，并在分析原材料的利用情况以及计划菜点原材料用量等方面有着重要意义。

掌握净料率的精确度是成本核算中的关键问题。影响净料率高低的因素主要有：一是原材料的规格、质量。在净料加工处理的技术水平相同的条件下，如果原料的规格质量不同，净料率就会不一样。规格高、质量好的原料，其净料率就高；反之就低。二是净料加工处理的技术水平。同一品种同一规格质量的原料，由于净料加工处理操作者的技术水平不同，净料率也可能不完全一致。加工处理的技术水平高，其净料率就高；反之就低。三是季节、产地等因素。由于原料的季节、产地不同，其净料率也不一样。例如竹笋在一月份时的净料率不高于20%，但在二月份可达到30%，三月份可高达37%。我们不能用一种技术情况下的净料率来代表一般技术情况下的净料率，也不能用某一规格质量的净料率来代表同一品种一般规格质量的净料率。因此，对净料率的测算，必须从实际出发，实事求是，认真负责，尽可能符合实际，以保证成本计算的正确性。

净料率是核算餐饮产品成本的重要参数。熟悉和掌握一些常见的主料、配料的净料率，会给成本核算工作带来许多方便。表2-1～表2-5是一些常见的主料、配料的净料率，仅供参考。

学习笔记

表 2-1　蔬菜类净料率

原料名称	净料处理项目	净料		备注
		品名	净料率 /%	
白菜	去老叶、根，洗涤	白菜帮	50	
白菜	去老叶、根、帮，洗涤	白菜心	38	
芹菜	去老叶、根，洗涤	净芹菜	70	
卷心菜	去老叶、根，洗涤	净卷心菜	70	
卷心菜	去老叶、根、梗，洗涤	卷心菜叶	50	
菜心	去外叶、叶尖、老茎，洗涤	净菜心	35	又名“油菜”
芥菜	去外叶、叶尖、老茎，洗涤	芥菜心	40	
菠菜	去老叶、根，洗涤	净菠菜	70	
空心菜	去老叶、带须的茎部，洗涤	净空心菜	70	
苋菜	去老叶，洗涤	净苋菜	80	
花菜	去叶、老梗，洗涤	净花菜	80	
大葱、小葱	去老皮、根，洗涤	净葱	70	
洋葱	去老皮	净洋葱	85	又名“圆葱”
大蒜	去皮，洗涤	净蒜	80	
蒜苗	去头，洗涤	净蒜苗	90	
青椒、红椒	去蒂，除籽，洗涤	净椒	70	
芫荽	去老叶、根，洗涤	净芫荽	80	又名“香菜”
生菜	去老叶、梗，洗涤	生菜心	40	又名“叶用莴苣”
韭菜	去老叶，洗涤	净韭菜	80	
韭黄	去头、尾、黄衣，洗涤	净韭黄	95	
丝瓜	去头尾，刨皮，去籽，洗涤	净丝瓜	60	
黄瓜	去头尾，刨皮，去籽，洗涤	净黄瓜	75	
茄子	去蒂头，洗涤	净茄子	90	
苦瓜	去头尾，去籽，洗涤	净苦瓜	80	又名“凉瓜”
冬瓜	刨皮，去籽，洗涤	净冬瓜	70	
南瓜	刨皮，去籽，洗涤	净南瓜	75	
佛手瓜	洗涤	净佛手瓜	90	
瓠瓜	刨皮，去籽，洗涤	净瓠瓜	70	又名“瓠子”
葫芦	刨皮，去籽，洗涤	净葫芦	70	
菜豆	去尖头，除筋，洗涤	净菜豆	90	又名“刀豆”
蚕豆、毛豆	剥壳	净蚕豆、净毛豆	30 ~ 40	
毛豆	剪去豆荚两头端	带壳毛豆	90	
豇豆	去头，除筋，洗涤	净豇豆	90	又名“豆角”

学习笔记

续表

原料名称	净料处理项目	净料		备注
		品名	净料率 /%	
荷兰豆	除筋，洗涤	豆管	90	
四季豆	除筋，洗涤	豆管	85	
扁豆	除筋，洗涤	豆管	85	
带壳茭白	剥壳，刨皮，洗涤	净茭白	50	
无壳茭白	刨皮，洗涤	净茭白	80	
有壳冬笋	去壳，除老根，洗涤	净冬笋肉	35	
莲藕	削皮，洗涤	净莲藕	70	
红、白萝卜	削皮，洗涤	净红、白萝卜	80	
土豆	削皮，洗涤	净土豆	80	
荸荠	削皮，洗涤	荸荠肉	60	又名“马蹄”
芋头	去皮，洗涤	净芋头	80	又名“芋艿”
山药	去皮，洗涤	净山药	70	
番茄	去蒂，洗涤	净番茄	90	又名“西红柿”
鲜草菇	去头部杂质，洗涤	净鲜草菇	75	
木瓜	刨皮，去籽，洗涤	净木瓜	70	
红薯	削皮，洗涤	净红薯	80	

表 2-2 水产类净料率

原料名称	净料处理项目	净料		备注
		品名	净料率 /%	
青鱼	宰杀，去鳞、鳃、内脏，洗涤	净青鱼	87	
	宰杀，去鳞、鳃、内脏、头尾、骨	净青鱼肉	40	
草鱼	宰杀，去鳞、鳃、内脏，洗涤	净草鱼	83	
	宰杀，去鳞、鳃、内脏、头尾、骨	净草鱼肉	40	
鳙鱼	宰杀，去鳞、鳃、内脏，洗涤	净鳙鱼	80	
	宰杀，去鳞、鳃、内脏、头尾、骨	净鳙鱼肉	30	
鲢鱼	宰杀，去鳞、鳃、内脏，洗涤	净鲢鱼	80	
	宰杀，去鳞、鳃、内脏、头尾、骨	净鲢鱼肉	35	
鲤鱼	宰杀，去鳞、鳃、内脏，洗涤	净鲤鱼	85	
鳊鱼	宰杀，去鳞、鳃、内脏，洗涤	净鳊鱼	85	
生鱼	宰杀，去鳞、鳃、内脏，洗涤	净生鱼	85	
	宰杀，去鳞、鳃、内脏、头尾、骨	生鱼肉片	50	
鲫鱼	宰杀，去鳞、鳃、内脏，剁块	净鱼块	75	

学习笔记

续表

原料名称	净料处理项目	净料		备注
		品名	净料率 /%	
鳜鱼	宰杀，去鳞、鳃、内脏，洗涤	净鳜鱼	83	
鲈鱼	宰杀，去鳞、鳃、内脏，洗涤	净鲈鱼	80	
鲳鱼	宰杀，去鳞、鳃、内脏，洗涤	净鲳鱼	80	
鳝鱼	烫后去骨、内脏、头尾	净鳝鱼肉	55	
甲鱼	宰杀，去内脏、头爪等	净甲鱼	70	
海鳗	宰杀，洗涤	净鳗	86	
	宰杀，去头尾、骨，洗涤	净鳗肉	37 ~ 47	
大黄鱼 小黄鱼	宰杀，去鳞、鳃、内脏，洗涤	净鱼	80 ~ 87	
	宰杀，去鳞、鳃、内脏、头	无头净鱼	72	
	宰杀，去鳞、鳃、内脏、头、骨	净鱼肉	42	
	宰杀，去鳞、鳃、内脏，洗涤，油炸	炸全鱼	55	
带鱼	去鳃、内脏、头，洗涤	净带鱼	74	
对虾	去须脚	净对虾	80	
海虾	去须脚	净海虾	80	
海虾	剥壳	净海虾肉	35	
河虾	剥壳	虾仁	30 ~ 34	
龙虾	去须脚	净龙虾	80	
龙虾	去须脚，剥壳	净龙虾肉	25	
螃蟹	去鳃、内脏，洗涤	净螃蟹	70	
螃蟹	去壳、鳃、内脏	蟹肉蟹黄	25 ~ 35	
蛏子	洗净，去壳	蛏肉	50	
蛤蜊	洗净，去壳	蛤蜊肉	62	
鲜鱿鱼	去内脏、软骨、鱼眼，洗涤	净鲜鱿鱼	70	
鲜墨鱼	去内脏、软骨、鱼眼，洗涤	净鲜墨鱼	60	
鲜鲍鱼	去壳，除去污物，洗涤	净鲜鲍鱼	30	

表 2-3　肉食类净料率

原料名称	净料处理项目	净料		备注
		品名	净料率 /%	
片猪	拆卸分档	方肉	36	
		前腿	34	
		后腿	30	

续表

原料名称	净料处理项目	净料		备注
		品名	净料率 /%	
方肉	拆卸分档	方肉	54	损耗 1%
		大排	33	
		碎肉	12	
前腿	拆卸分档	前蹄	11	损耗 1%
		小排	10	
		带骨夹心	78	
后腿	拆卸分档	后蹄	12	损耗 1%
		带骨腿肉	87	
带骨夹心	拆卸分档	汤骨	2.7	损耗 1%
		肉皮	2.3	
		精肉壮膘	71.5	
		碎肉	8.1	
		血脖肉	14.4	
带骨腿肉	拆卸分档	汤骨	8.6	损耗 1%
		肉皮	6.3	
		精肉	51	
		碎肉	9.3	
		壮膘	23.8	
出骨夹心	拆卸分档	肉皮	11	损耗 1%
		一般精肉	58	
		小排	14	
		肥膘	16	
出骨腿肉	拆卸分档	肉皮	11	损耗 1%
		纯精肉	23	
		一般精肉	54	
		肥膘	11	
出骨夹心	烤熟（去皮）	叉烧肉	50	
去骨腿肉	烧熟（带皮）	烧肉	65	
小排	烧熟，加糖醋	糖醋排骨	75	
大排	去皮，除血水	净排骨	90	
猪头	煮熟，出骨	净熟猪头肉	56	

学习笔记

学习笔记

续表

原料名称	净料处理项目	净料		备注
		品名	净料率 /%	
猪脚	去爪壳，煮熟	熟猪脚	65	
方肉	去骨	无骨方肉	90	
	煮熟，去骨	无骨熟方肉	65	
精肉	去肉筋	纯精肉	89	又称“梅肉”
猪肝	去筋、去血水、去胆	净猪肝	90	
净猪肝	煮熟	熟猪肝	50	
猪心	去心、去耳根	净猪心	90	
净猪心	煮熟	熟猪心	63	
猪腰	去筋、去血水、去腰臊	净猪腰	75	
猪肚	煮熟	熟肚	58	
猪肺	烫熟	熟猪肺	50	
猪舌	去筋，洗涤	净猪舌	90	
净猪舌	煮熟	熟猪舌	55	
猪大肠	洗涤，煮烂	熟大肠	28	
猪直肠	洗涤，煮烂	熟大肠	48	
猪板油	加热炼油	熟猪油	85	
活兔	宰杀，剥皮，去内脏	净兔	70	
兔肉	卤烂	卤兔肉	60	
牛肉	去筋，煨熟	熟牛肉	50 ~ 55	
	去筋，卤烂	卤牛肉	40 ~ 50	
牛心	去筋，煮熟	熟牛心	55	
牛舌	去筋，煮熟	熟牛舌	55	
牛肝	去筋，煮熟	熟牛肝	60	
牛尾	去筋，煮熟	熟牛尾	60	
牛肚	去筋，煮熟	熟牛肚	70	
羊肉	去筋，煮熟	白切羊肉	60	
	去筋，煮熟，卤冻	带冻羊羹	85	

表2-4　　禽蛋类净料率

<table>
<tr><th rowspan="2">原料名称</th><th rowspan="2">净料处理项目</th><th colspan="2">净料</th><th rowspan="2">备注</th></tr>
<tr><th>品名</th><th>净料率/%</th></tr>
<tr><td rowspan="6">活母鸡
（1.75～2.25千克）</td><td rowspan="6">宰杀，分档</td><td>净鸡</td><td>70</td><td rowspan="6">损耗13%</td></tr>
<tr><td>肫</td><td>7</td></tr>
<tr><td>肝、心</td><td>3</td></tr>
<tr><td>油</td><td>2.5</td></tr>
<tr><td>肠</td><td>2</td></tr>
<tr><td>爪</td><td>2.5</td></tr>
<tr><td rowspan="6">活公鸡
（1.75～2.25千克）</td><td rowspan="6">宰杀，分档</td><td>净鸡</td><td>67</td><td rowspan="6">损耗15%</td></tr>
<tr><td>肫</td><td>7</td></tr>
<tr><td>肝、心</td><td>4</td></tr>
<tr><td>腰丸</td><td>1.3</td></tr>
<tr><td>肠</td><td>2.7</td></tr>
<tr><td>爪</td><td>3</td></tr>
<tr><td rowspan="5">光统鸡</td><td rowspan="5">整理分档</td><td>净鸡</td><td>88</td><td rowspan="5">损耗12%</td></tr>
<tr><td>其中 鸡肉</td><td>43</td></tr>
<tr><td>鸡壳</td><td>30</td></tr>
<tr><td>头脚</td><td>11</td></tr>
<tr><td>肫肝</td><td>4</td></tr>
<tr><td rowspan="3">毛统鸡</td><td>宰杀，去头、爪、骨、翅、内脏</td><td>鸡丝</td><td>32</td><td></td></tr>
<tr><td>宰杀，去头、爪、背骨、内脏</td><td>鸡块</td><td>50</td><td></td></tr>
<tr><td>宰杀，去头、爪、骨、翅、内脏，煮熟</td><td>白鸡</td><td>49～55</td><td></td></tr>
<tr><td>毛鸡</td><td>宰杀，去头、爪、内脏</td><td>净鸡</td><td>62</td><td></td></tr>
<tr><td rowspan="6">光鸡</td><td rowspan="6">整理分档</td><td>净鸡</td><td>94</td><td rowspan="6"></td></tr>
<tr><td>其中 肫</td><td>5</td></tr>
<tr><td>心、肝</td><td>3</td></tr>
<tr><td>肠</td><td>3</td></tr>
<tr><td>爪</td><td>8</td></tr>
<tr><td>带骨鸡肉</td><td>75</td></tr>
<tr><td>活鹅</td><td>宰杀，去脚、内脏</td><td>光鹅</td><td>65</td><td></td></tr>
<tr><td>光鹅</td><td>烤熟</td><td>烧鹅</td><td>63</td><td></td></tr>
<tr><td>活鸭</td><td>宰杀，去脚、内脏</td><td>光鸭</td><td>63</td><td></td></tr>
</table>

学习笔记

学习笔记

续表

原料名称	净料处理项目	净料		备注
		品名	净料率 /%	
光鸭	挂炉烤熟	挂炉鸭	55 ~ 60	
	煮熟	酱鸭	60	
		卤鸭	60	
		盐水鸭	56	
		糟鸭（带卤）	63	
光鸭	整鸭出骨	鸭肉	58	
鸭肫	去黄皮垃圾	净肫	85	
	去黄皮肫皮	去皮肫	65	
	煮熟（带肫皮）	卤肫	68	
	煮熟	盐水肫	44	
鸡、鸭蛋	去壳分档	蛋清	58	
		蛋黄	30	

表 2-5 干货类净料率

原料名称	净料处理项目	净料		备注
		品名	净料率 /%	
刺海参	择洗，泡发	净水刺海参	400 ~ 500	
梅花参	择洗，泡发	净水梅花参	500	
棒槌参	择洗，泡发	净水棒槌参	400	
干鲍鱼	择洗，泡发	净水鲍鱼	150 ~ 175	
干贝	择洗，泡发	净水干贝	200 ~ 250	
干鱿鱼	择洗，泡发	净水鱿鱼	250	
干章鱼	择洗，泡发	净水章鱼	250	
墨鱼干	择洗，泡发	净水墨鱼	250	
干蚝豉	择洗，泡发	净水蚝豉	200	
海米	择洗，泡发	净水海米	200 ~ 250	
干虾米	择洗，泡发	净水虾米	250	
干蟹肉	择洗，泡发	净水蟹肉	250	
干海带	择洗，泡发	净水海带	500	
干紫菜	择洗，泡发	净水紫菜	500	
干肉皮	去油，水发	水发肉皮	300 ~ 450	
干蹄筋	去油，水发	水发蹄筋	300 ~ 450	
干鱼肚	去油，水发	水发鱼肚	300 ~ 450	

学习笔记

续表

原料名称	净料处理项目	净料		备注
		品名	净料率 /%	
干片肚	去油，水发	水发片肚	400	
干蘑菇	择洗，浸泡	水发蘑菇	200 ~ 300	
黑木耳	择洗，浸泡	水发黑木耳	500 ~ 850	
黄花菜	择洗，浸泡	水发黄花菜	200 ~ 400	
干竹笋	择洗，浸泡	水发竹笋	300 ~ 800	
干冬菇	择洗，浸泡	水发冬菇	250 ~ 350	
干香菇	择洗，浸泡	水发香菇	200 ~ 350	
干燕窝	择洗，浸泡	净水燕窝	600	
粉丝	择洗，浸泡	湿粉丝	250	
粉条	择洗，浸泡	湿粉条	250	
腐竹	择洗，浸泡	净水腐竹	500	
发菜	择洗，浸泡	水发发菜	750	
银耳	择洗，浸泡	水发银耳	400 ~ 800	
笋干	择洗，浸泡	水发笋干	400 ~ 500	
玉兰片	择洗，浸泡	水发玉兰片	200 ~ 300	
干贡菜	择洗，浸泡	湿贡菜	300	
干莲子	择洗，浸泡	湿莲子	250	
干黄豆	择洗，浸泡	湿黄豆	200	
松子仁	剥壳取净料	净松仁	50	
干银杏	剥壳取净料	净银杏	50	
花生米	择洗，浸泡	湿花生米	200	
带壳花生	去壳	花生仁	70	
花生仁	油炸	炸花生仁	90	
带壳栗子	去壳	净栗子	63	
带壳白果	去壳	白果肉	60	
干桃仁	剥皮取净料	净桃仁	90	
榄仁	油炸	炸榄仁	110	

五、成本系数的应用

随着改革开放的深入和市场经济的进一步发展，农副产品的价格也逐步放开。因此，餐饮产品原材料的价格会随着市场供求关系和季节的变化而不断发生变化，每月、每周，甚至每天的价格都不一样。因此在市场价格经常波动的情况下，要想及时准确地计算出原材料的成本，利用成本系数计算是

学习笔记

一种比较方便、快捷的方法。

成本系数，是指某种原料经过加工处理后，所得净料的单位成本与毛料的进货单价之比。即：

$$成本系数=\frac{净料单位成本}{毛料进货单价}$$

成本系数主要用来解决某些主料、配料由于市场价格的变动而需要重新计算净料单位成本和餐饮产品成本的问题。利用成本系数，能够方便、迅速、准确地计算出价格变化后净料的单位成本。即：

$$价格变化后的净料单位成本=毛料新进货单价\times成本系数$$

【例2-7】某餐厅3月份购进甲食品原料15千克，其进价为1.9元/千克，总值为28.5元，经过加工后，得到净料11.25千克，废料不能利用。若4月份该原料进货单价为2.1元/千克，求4月份该原料的单位成本是多少？若5月份该原料进货单价为1.8元/千克，求5月份该原料的单位成本又是多少？

解：①3月份该原料的净料单位成本 $=\frac{毛料总值}{净料重量}=\frac{28.5}{11.25}\approx2.533$（元/千克）

$$该原料的成本系数=\frac{净料单位成本}{毛料进货单价}=\frac{2.533}{1.9}\approx1.333$$

②4月份该原料的单位成本 $=$ 毛料新进货单价 $\times$ 成本系数

$=2.1\times1.333$

≈2.8（元/千克）

③5月份该原料的单位成本 $=$ 毛料新进货单价 $\times$ 成本系数

$=1.8\times1.333$

≈2.4（元/千克）

答：4月份该原料的单位成本为2.8元/千克，5月份该原料的单位成本为2.4元/千克。

由此可以看出，掌握了某些原料的成本系数便可方便、快捷地计算出原料价格变化后净料的单位成本。可见，成本系数的应用与净料率的应用有异曲同工之处，原料价格变化后，也可根据原料的净料率计算出净料的单位成本。

学习笔记

项目二　主料、配料的净料成本核算

净料是形成餐饮产品实体的直接原料，其成本直接构成餐饮产品的成本，所以为了计算餐饮产品成本，应先计算出所耗用的各种净料的单位成本。由此可见，净料成本的核算是餐饮产品成本核算的基本环节。

净料成本计算的依据是什么？从原料的加工过程来看，净料加工前后的重量虽然发生了变化，但加工前后的原料的价值应是一样的。用公式表示为：

加工前原料进货总值=加工后净料价值+下脚料价值

这就是净料成本计算的依据，根据该等式和净料重量就可以计算出净料的单位成本。净料单位成本的具体计算方法有一料一档法和一料多档法两种。

一、一料一档的净料成本计算方法

所谓一料一档是指一种原料（毛料）经过加工处理后，只得到一种净料。一料一档的成本计算方法有以下两种情况。

（一）毛料经过加工处理后，只得到一种净料，没有可以作价利用的下脚料

此种情况下，净料单位成本计算公式推导如下。

因为：毛料总值=净料总值

即：毛料重量×毛料进货单价=净料重量×净料单位成本

所以：

$$\text{净料单位成本}=\frac{\text{毛料重量}\times\text{毛料进货单价}}{\text{净料重量}}=\frac{\text{毛料总值}}{\text{净料重量}}=\frac{\text{毛料进货单价}}{\text{净料率}}$$

在实际计算中，由于毛料的重量和进货单价是已知的，净料的重量可以实测出来，所以利用上述公式就可以计算出净料单位成本。

学习笔记

【例2-8】某酒店厨房购进芹菜20千克，单价2.8元/千克，计56元。去叶、根，洗净后得净芹菜14千克。求净芹菜的单位成本。

解：

$$净芹菜单位成本=\frac{毛料重量\times毛料进货单价}{净料重量}=\frac{20\times2.8}{14}=\frac{56}{14}=4(元/千克)$$

或：

$$净芹菜单位成本=\frac{毛料总值}{净料重量}=\frac{56}{14}=4（元/千克）$$

或：

$$芹菜的净料率=\frac{净料重量}{毛料重量}\times100\%=\frac{14}{20}\times100\%=70\%$$

$$净芹菜单位成本=\frac{毛料进货单价}{净料率}=\frac{2.8}{70\%}=4（元/千克）$$

答：净芹菜的单位成本为4元/千克。

【例2-9】某酒店购进冬瓜10千克，进货单价为2.8元/千克，经过加工处理，去头、去籽、去皮和洗涤后得到净冬瓜7千克。求：①净冬瓜的单位成本是多少？②若一份菜肴需用净冬瓜200克，求该菜肴中冬瓜的成本是多少？

解：

$$①净冬瓜的单位成本=\frac{毛料重量\times毛料进货单价}{净料重量}=\frac{10\times2.8}{7}=4(元/千克)$$

②一份菜肴中的净冬瓜的成本＝净冬瓜重量×净冬瓜单位成本

＝0.2×4

＝0.8（元）

答：净冬瓜的单位成本为4元/千克。一份菜肴中用净冬瓜200克的成本为0.8元。

（二）毛料经过加工处理后，只得到一种净料，但同时又有可以作价利用的下脚料

此种情况下，必须首先从毛料总值中扣除这些下脚料的价值，再除以净料重量，然后即可求得净料单位成本。其计算公式为：

学习笔记

$$净料单位成本 = \frac{毛料总值-下脚料价值}{净料重量}$$

【例2-10】某酒店购活鸡一只重3千克，单价30元/千克，经过宰杀、洗涤后得光鸡2千克，鸡爪作价1元，鸡肝、鸡胗作价2元。求：①生光鸡的单位成本是多少？②若辣子鸡一盘用生光鸡0.4千克，则其成本为多少元？

解：

$$①生光鸡的单位成本 = \frac{毛料总值-下脚料价值}{净料重量} = \frac{3\times 30-(1+2)}{2} = 43.5(元/千克)$$

②辣子鸡所用生光鸡成本＝生光鸡重量×生光鸡的单位成本

＝0.4×43.5

＝17.4（元）

答：生光鸡的单位成本为43.5元/千克，辣子鸡一盘用料0.4千克的成本为17.4元。

在计算中要注意的问题。

①必须正确区分净料单位成本和净料的成本，二者的单位不同。净料单位成本也指单价，单位为：元/千克；净料成本的单位为：元。

②下脚料、废料作价时，若数量太少，并且单位成本较低，一般估计其总价值，而不一一称重和列单价。

③计算净料成本必须精确到0.001元，即小数点后第三位，再按四舍五入原则决定是否进弃。

二、一料多档的净料成本计算方法

所谓一料多档是指一种原料（毛料）经过加工处理后，得到一种以上的净料。这时就应当分别计算每一种净料的成本。一料多档的成本计算方法有以下三种情况。

（一）所有净料的单位成本未知

在此情况下，可根据各种净料的质量，本着按质论价的原则，并参照市场行情，逐一确定其单位成本，但一定要保持各档净料的成本之和等于毛料的进货总值。用公式表示为：

净料①总值+净料②总值+净料③总值+…+净料ⓝ总值＝毛料进货总值

【例2-11】某饭店购进带皮带骨猪肉25千克，单价为20元/千克，共计

学习笔记

500元。经拆卸分档后，得精肉12.3千克，肉皮1.8千克，汤骨2.2千克，碎肉2.5千克，肥膘6千克，损耗0.2千克。根据质量优劣并参照市场行情，分别确定各档净料的单位成本为：精肉28元/千克，肉皮6元/千克，汤骨5元/千克，碎肉18元/千克，肥膘14.8元/千克。求各档净料的成本之和。

解：毛料进货总值＝毛料进货单价×毛料重量＝20×25＝500（元）

各档净料的成本之和＝精肉成本+肉皮成本+汤骨成本+碎肉成本+肥膘成本

＝28×12.3+6×1.8+5×2.2+18×2.5+14.8×6

＝500（元）

答：各档净料的成本之和为500元。

上例中，各档净料的成本之和等于毛料进货总值。若按市场行情各档净料的成本之和大于毛料进货总值，则说明在分档取料上损耗小；若按市场行情各档净料的成本之和小于毛料进货总值，则说明在分档取料上损耗大；若各档净料的成本之和与毛料进货总值相差过大，则必须根据各档净料的重量、单位成本将差额分摊到各档净料的单位成本当中。

（二）所有净料中仅一种净料的单位成本需要测算，其他净料的单位成本已知

在此情况下，可从毛料总值中扣除已知净料的总成本，再除以该未知单位成本净料的重量，便可求得其单位成本。计算公式为：

$$某种净料单位成本=\frac{毛料总值-其他各档净料成本之和（含下脚料）}{某种净料重量}$$

【例2-12】某饭店购进牙片鱼一尾重5.6千克，单价为38元/千克，经宰杀、去鳞、去内脏，分档取料得鱼头1.5千克，中段1.85千克，鱼尾1.4千克。现鱼头的单位成本为45元/千克，鱼尾的单位成本为32元/千克。求鱼中段的单位成本是多少？

$$解：鱼中段的单位成本=\frac{毛料总值-（鱼头成本+鱼尾成本）}{鱼中段重量}$$

$$=\frac{38\times5.6-（45\times1.5+32\times1.4）}{1.85}$$

$$\approx54.32（元/千克）$$

答：鱼中段的单位成本为54.32元/千克。

学习笔记

（三）所有净料中有些净料的单位成本已知，有些未知

在此情况下，可先把已知单位成本的那部分净料的总成本计算出来，从毛料总值中扣除，然后再根据未知单位成本净料的质量，依照市场行情逐一确定其单位成本。

【例2-13】购进光鸡一批，重30千克，进货单价为14元/千克，经加工处理后，得鸡脯肉5千克，鸡腿10千克，鸡杂（心、肝、肫）2.5千克，鸡架、鸡脖等下脚料7.5千克，其余为废料（无价值）。若鸡腿的单位成本为21元/千克，鸡杂的单位成本为9元/千克，下脚料的单位成本为7元/千克。求鸡脯肉的单位成本是多少?

$$\text{解：鸡脯肉的单位成本} = \frac{14 \times 30-(21 \times 10+9 \times 2.5+7 \times 7.5)}{5}$$

$$= \frac{420-285}{5}$$

$$= 27\text{（元/千克）}$$

答：鸡脯肉的单位成本为27元/千克。

三、多渠道、多批量采购原材料的净料成本计算方法

在实际生产经营中，采购部门往往多渠道、多批量进行原材料采购。所谓多渠道采购原材料就是餐饮企业从多家供应商购进同一种原材料。所谓多批量采购原材料就是餐饮企业分几次购进同一种原材料，并且每一次购进原材料的数量不尽相同。这样由于购进原材料的渠道不同、批量不同，其购进的价格也就不尽相同。如果按不同批次原材料的实际价格核算，不仅给生产和核算工作带来不便，而且也会造成企业产品成本和利润的不稳定。因此，这就要采用加权平均法计算原材料的平均成本。另外，凡是从外地采购的原材料，还应将所支付的运输费和途中合理损耗列入成本内一并计算。

多渠道、多批量采购原材料的平均成本的计算公式为：

$$\text{平均成本} = \frac{\text{①渠道（批量）购货价值+②渠道（批量）购货价值+}\cdots\text{+}n\text{渠道（批量）购货价值}}{\text{①渠道（批量）购货数量+②渠道（批量）购货数量+}\cdots\text{+}n\text{渠道（批量）购货数量}}$$

【例2-14】某酒店从肉联食品厂购进香肠40千克，单价为38元/千克；同时从集贸市场购进香肠50千克，单价为34元/千克。试求香肠的平均成本是多少?

学习笔记

解：$香肠平均成本=\frac{38\times40+34\times50}{40+50}\approx35.78$（元/千克）

答：香肠的平均成本为35.78元/千克。

【例2-15】某饭店从外地购进一批鲜对虾350千克，单价为180元/千克，支付运输费1500元，途中损耗1%（属合理损耗）。求这批对虾的单位成本是多少？

解：$对虾的单位成本=\frac{180\times350+1500}{350\times(1-1\%)}\approx186.15$（元/千克）

答：这批对虾的单位成本为186.15元/千克。

学习笔记

项目三　净料成本的分类核算

净料根据其拆卸加工的方法和熟处理程度的不同，分为生料、半制品和熟制品三类。

一、生料成本的核算

生料就是只经过择洗、宰杀、拆卸等加工处理，而没有经过任何程度熟处理的净料。该类净料在餐饮产品成本构成中占有相当大的比重。计算生料单位成本，是核算餐饮产品成本的重要步骤。其核算的程序如下。

（1）确定毛料进货总值；

（2）拆卸毛料，分清净料、下脚料和废料；

（3）称量净料重量；

（4）确定下脚料的重量和单价，并计算其总值；

（5）核算生料单位成本。

生料单位成本的计算公式为：

$$\text{生料单位成本} = \frac{\text{毛料总值}-\text{下脚料价值}}{\text{生料重量}}$$

【例2–16】厨房购进带皮腿肉5千克，进货单价为8.2元/千克。加工后得净腿肉4.4千克，猪皮0.6千克，若猪皮的单价为2.9元/千克。求净腿肉的单位成本是多少？

解：

$$\text{净腿肉的单位成本} = \frac{8.2\times 5-2.9\times 0.6}{4.4}$$

$$= \frac{39.26}{4.4}$$

$$\approx 8.923\text{（元/千克）}$$

答：净腿肉的单位成本约为8.923元/千克。

学习笔记

二、半制品成本的核算

半制品是指原料已经过初步熟处理，但还没有完全加工成为成品的净料，如白煮肉、肉丸、油发肉皮等。成熟后的半制品会在重量上有所变化，在计算过程中要注意扣除损失的重量。半制品根据其加工方法的不同，可分为无味半制品和调味半制品两种。

（一）无味半制品成本核算

无味半制品又称水煮半制品，是指原料在初熟过程中未添加任何调味品的半成品。其包括的范围很广，如经过焯水的蔬菜和经过初步熟处理的肉类等，都属于无味半制品。它在核算上的特点是，除原料本身价值外，在加工过程中没有任何其他价值的增加。其单位成本的计算公式为：

$$\text{无味半制品单位成本}=\frac{\text{毛料进货总值-副产品总值（含下脚料价值）}}{\text{无味半制品重量}}$$

【例2-17】某厨房购进五花肉8千克，进货价格为12元/千克，煮熟后损耗35%，得到浮油0.5千克，作价2元。求熟五花肉的单位成本是多少？

解：根据公式

$$\text{无味半制品单位成本}=\frac{\text{毛料进货总值-副产品总值（含下脚料价值）}}{\text{无味半制品重量}}\text{得：}$$

$$\text{熟五花肉的单位成本}=\frac{12\times8-2}{8\times(1-35\%)}=\frac{94}{5.2}\approx18.077\text{（元/千克）}$$

答：熟五花肉的单位成本约为18.077元/千克。

（二）调味半制品成本核算

调味半制品是指原料在初熟过程中添加调味品的半成品，如鱼丸、肉丸、油发肉皮等。构成调味半制品的成本中，不仅包括原料本身的价值，还要加上调味品的成本。其单位成本的计算公式为：

$$\text{调味半制品单位成本}=\frac{\text{毛料进货总值-副产品总值（含下脚料价值）+调味品成本}}{\text{调味半制品重量}}$$

【例2-18】某厨房购买活草鱼一尾，重2千克，单价为15元/千克。宰杀后，鱼头、尾做汤菜用，作价10元。鱼块经过油炸后得1.2千克，耗用食用油及调味料成本共计6.4元。试计算油炸鱼块的单位成本是多少。

学习笔记

解：油炸鱼块的单位成本 $= \frac{2 \times 15-10+6.4}{1.2} = 22$（元/千克）

答：油炸鱼块的单位成本为22元/千克。

【例2-19】新鲜鲅鱼一尾重2.1千克，单价为12元/千克，加工处理后，40%为鱼头、鱼皮、鱼杂（作价3元），15%为肠肚废料（不作价），45%为鱼肉。将鱼肉剁成蓉后，制作中共加入猪油100克（单价8元/千克），蛋清4个（作价1.6元），绍酒50克（单价3.5元/千克），淀粉100克（单价2.5元/千克），加盐、味精、葱、姜汁等调料价款共计0.5元，制成鱼丸120个。求每个鱼丸的单位成本是多少？

解：根据公式

$$调味半制品单位成本 = \frac{毛料进货总值-副产品总值（含下脚料价值）+调味品成本}{调味半制品重量}$$

得：

$$每个鱼丸的单位成本 = \frac{12 \times 2.1-3+（8 \times 0.1+1.6+3.5 \times 0.05+2.5 \times 0.1+0.5）}{120}$$

$$= \frac{25.2-3+3.325}{120}$$

$$\approx 0.213（元/千克）$$

答：每个鱼丸的单位成本约为0.213元/千克。

在上例中，对于调味品成本是按项逐一进行核算的，比较麻烦。如果我们计算出调味品的标准成本，则只需把无味半制品成本算出，然后加上其单位重量的调味品标准成本就行了。一般来说，只要各种调味品进价不变，单位调味品成本都可用此法计算。

三、熟制品成本的核算

熟制品是指原料经过加热调味完全成熟的净料。熟制品多系卤味品，它由卤、酱、熏、拌、煮、烤等方法加工而成，大多用作冷盘菜肴，也可作为制作热菜的原料。这类熟制品制成后虽可直接食用，但在使用上可以把它进行合理的搭配、拼制，组合成不同的形式，形成新的菜肴。所以，我们仍将其视为组成菜肴的净料，而不把它作为产品来进行核算。其成本结构与调味半制品类似，由主料成本和调味品成本构成。熟制品单位成本的计算公式为：

学习笔记

$$熟制品单位成本 = \frac{毛料进货总值-副产品总值（含下脚料价值）+调味品成本}{熟制品重量}$$

【例2-20】购进牛肉10千克，单价为38元/千克，用来制作卤牛肉，共用去调味料成本5.5元，得浮油0.2千克（作价2元），共出卤牛肉5千克。求卤牛肉的单位成本是多少？

解：根据公式

$$熟制品单位成本 = \frac{毛料进货总值-副产品总值（含下脚料价值）+调味品成本}{熟制品重量}$$

得：

$$卤牛肉的单位成本 = \frac{38 \times 10-2+5.5}{5} = \frac{383.5}{5} = 76.7（元/千克）$$

答：卤牛肉的单位成本为76.7元/千克。

【例2-21】购进青鱼10千克，单价为18元/千克，经剖洗加工后得下脚料等作价7元，其净料经腌制、熏制后得熏鱼7千克，耗用调味品计16元。求一盘100克的熏鱼成本为多少元？

$$解：熏鱼的单位成本 = \frac{18 \times 10-7+16}{7} = 27（元/千克）$$

$$一盘100克的熏鱼成本=0.1 \times 27=2.7（元）$$

答：一盘100克的熏鱼成本为2.7元。

调味品的成本大多采用估算方法，但如果我们在实际运用中找出规律，分类掌握其标准成本，则只要把无味半制品的成本计算出来，再加上调味品的成本即可。

【例2-22】瘦猪肉10千克，单价为22元/千克，经加工制成叉烧肉，称重为5千克，耗用调味品按每千克叉烧1元计算。求叉烧肉的单位成本是多少？

$$解：叉烧肉的单位成本 = \frac{22 \times 10+1 \times 5}{5} = 45（元/千克）$$

答：叉烧肉的单位成本为45元/千克。

从以上生料单位成本、半制品单位成本和熟制品单位成本的计算公式可以看出，它们的计算方法基本相同。其共同点如下。

（1）各计算公式都要知道毛料的重量、进货单价或进货总值。

（2）必须测算出加工后各种净料的重量（包括生料、半制品或熟制品的重量）。

（3）必须确定出加工处理后得到的副产品或下脚料的价值（包括其重量及单价）。

（4）计算净料单位成本时，都必须从毛料进货总值中扣除副产品或下脚料的价值。

除上述共同点外，其不同之处如下。

（1）半制品或熟制品，大多数都是在生料的基础上经过初熟处理的，在初熟处理过程中，可能产生副产品，对于副产品的价值应从半制品或熟制品的成本中扣除。比如：五花肉加工前是生料，煮熟后重量变轻，但撇出的浮油就是一种副产品，可以回收利用，其价值应抵减半制品成本，这样可以减少半制品的成本。

（2）熟制品和某些半制品，在热处理过程中，一方面会产生副产品，另一方面还要耗用各种调味品，因此除了要扣除副产品的价值外，还要加上调味品成本，这与生料单位成本的计算是不相同的。

由于净料的品种很多，计算净料单位成本时，要根据不同的条件和要求，选用相应的计算公式，并且在计算时一定要耐心细致，保证计算结果的准确性。

学习笔记

学习笔记

检查评价

内容回顾

本模块介绍了净料与净料率、净料成本的核算、净料成本的分类核算等内容，学习了净料率及其计算、应用和成本系数的应用，净料单位成本的具体计算方法有一料一档法和一料多档法两种，生料、半制品和熟制品的单位成本计算方法等。重点阐述了净料率及净料率在实际生产管理中的运用。原材料成本的核算是整个餐饮业生产经营核算的基础，只有掌握了原材料成本的核算，才能确定毛利率及餐饮产品的销售价格。

强化演练

一、填空题（请将正确答案填入题内横线上）

1. 主料和配料构成餐饮产品的________，是________的主要组成部分。

2. 没有经过加工处理，不能直接用来配制成品的原料称为________。

3. 经过加工处理，可以直接用来配制成品的原料称为________。

4. 净料与毛料的划分标准是由每个餐饮产品的________决定的。

5. 在原料规格质量大体相同、原料加工处理技术水平类似的情况下，原料的净料重量与毛料重量之间，通常保持有一个相对稳定的________。

6. 净料率就是________与________的比率。

7. 所谓损耗率是指毛料在加工处理过程中所________的重量与________重量的比率。

8. 影响净料率高低的因素主要有：一是________；二是________；三是________。

9. 成本系数是净料的________与毛料的________之比。

学习笔记

10．净料单位成本的具体计算方法有________法和________法两种。

11．净料根据其拆卸加工的方法和熟处理程度的不同，分为________、________和________三类。

12．半制品根据其加工方法的不同，可分为________和________两种。

二、单项选择题（每小题的四个备选答案中只有一个是正确的，请将正确答案的编号填入括号内）

1．净料率的计算公式是（　）。

A．$\frac{\text{净料重量}}{\text{毛料重量}}\times 100\%$　　B．$\frac{\text{毛料重量}}{\text{净料重量}}\times 100\%$

C．$\frac{\text{净料重量}}{\text{毛料总值}}\times 100\%$　　D．$\frac{\text{毛料总值}}{\text{净料重量}}\times 100\%$

2．净料率（　）。

A．大于100%　B．小于100%

C．等于100%　D．A、B、C三种均有可能

3．净料率和损耗率之和（　）。

A．大于1　B．小于1　C．等于1　D．不确定

4．一料一档的净料单位成本的计算公式是（　）。

A．$\frac{\text{毛料总值}}{\text{净料率}}$　　B．$\frac{\text{毛料进货单价}}{\text{净料率}}$

C．$\frac{\text{毛料重量}}{\text{净料率}}$　　D．$\frac{\text{净料重量}}{\text{净料率}}$

5．成本系数的计算公式是（　）。

A．$\frac{\text{净料单位成本}}{\text{毛料进货单价}}$　　B．$\frac{\text{毛料进货单价}}{\text{净料率}}$

C．$\frac{\text{毛料总值}}{\text{净料率}}$　　D．$\frac{\text{毛料重量}}{\text{净料率}}$

学习笔记

三、多项选择题（每小题的备选答案中有两个或两个以上是正确的，请将正确答案的编号填入题后括号内）

1．下列构成餐饮产品实体的有（　　）。

A．主料　B．配料　C．调料

D．燃料　E. 水电费

2．根据净料率可以求（　　）。

A．毛料重量　B．净料重量　C．毛料进货单价

D．净料单位成本　E．毛料总值

3．影响净料率高低的因素有（　　）。

A．原材料的规格　B．原材料的质量

C．净料加工处理的技术水平　D．季节　E．产地

4．净料率包括（　　）。

A．生料率　B．半制品率

C．熟品率　D．半制品率、熟品率

5．净料根据其拆卸加工的方法和熟处理程度的不同分为（　　）。

A．生料　B．半制品　C．熟制品

D．无味半制品　E．调味半制品

6．计算生料单位成本、半制品单位成本和熟制品单位成本的共同点是（　　）。

A．都要知道毛料的重量、进货单价或进货总值

B．都必须测算出加工后各种净料的重量

C．都必须确定出加工处理后得到的副产品或下脚料的价值

D．都必须从毛料进货总值中扣除副产品或下脚料的价值

E．都要计算调味品价值

四、判断题（下列表述中，认为正确的请在题后括号内画“√”，错误的画“×”）

1．没有经过加工处理，不能用以直接配制成品的原料称为净料。（　）

2．经过加工处理，可以用来直接配制成品的原料称为毛料。（　）

3．净料与毛料的划分标准是由每个餐饮产品的具体要求决定的。（　）

4．所谓净料率就是毛料重量与净料重量的比率，净料率小于1。（　）

学习笔记

5．净料率的高低只受净料加工处理的技术水平的影响。(　)

6．成本系数是指某种原料经过加工处理后，所得净料的单位成本与毛料进货单价之比。(　)

7．净料根据其拆卸加工的方法和熟处理程度的不同，分为生料、半制品和熟制品三类。(　)

8．计算净料单位成本时，都必须从毛料进货总值中扣除副产品或下脚料的价值。(　)

9．餐饮业的产品成本就是单位成本。(　)

10．菜点的成本是指生产过程中的全部耗费之和。(　)

五、计算题

1．某酒店购进土豆36千克，经冷加工后得到土豆丝25.2千克，求土豆的净料率是多少？

2．计算净料率填下表。

毛料		净料		净料率 /%
原料	重量 / 千克	原料	重量 / 千克	
山药	12	净山药	8.4	
青鱼	2.4	净青鱼肉		40%
牛肚		熟牛肚	2.8	70%
干海参	0.8	水发海参	4	

3．某酒店购进白萝卜12千克，其进货单价为2.6元/千克，去皮后得到净白萝卜9千克，求净白萝卜的单位成本是多少？

4．购进青辣椒4千克，清洗加工后得到净青椒3千克，求青辣椒的净料率是多少？若青辣椒的进货单价为2.1元/千克，求300克净青椒的成本是多少元？(用两种方法计算)

5．某饭店购进鲜猪腰12千克，单价为22元/千克，经加工处理后损耗25%，求净猪腰的单位成本是多少？若每份菜肴需用净猪腰0.2千克，则该菜肴猪腰的成本是多少元？

6．鲢鱼一尾重8.5千克，单价11元/千克，经宰杀、去鳞、鳃、内脏后，得鱼头、尾2.8千克，单价9元/千克；中段4.2千克。鱼籽作价5元，求鱼中段的单位成本是多少？

7．已知“芫爆乌鱼卷”每盘用水发乌鱼板0.3千克，水发乌鱼板与乌鱼

学习笔记

头、骨的比例为6：4，已知乌鱼干的净料率为700%，求做35盘“芫爆乌鱼卷”需用干乌鱼多少千克？

8．现用瘦猪肉做叉烧肉，购进猪肉15千克，单价为22元/千克，加工成叉烧肉后重量为9千克，耗用调味品共计10元。求叉烧肉的单位成本是多少？

9．净芹菜5千克，单价2.4元/千克，经水烫处理后得半制品4.5千克，求半制品的单位成本是多少？

10．活鸡一只重2.9千克，单价为12.8元/千克，经宰杀、加工、煮熟后，得熟鸡净重1.95千克，耗用料酒、香料、食盐、葱、姜等共作价1.8元，鸡血、鸡肝、鸡肫、鸡心等共折价1.5元，求熟鸡的单位成本是多少？

六、简答题

1．什么是净料？根据其拆卸加工的手法和熟处理程度的不同可分为哪几类？

2．什么是净料率？影响净料率高低的因素有哪些？

3．净料成本核算的计算依据是什么？

4．净料单位成本的高低与毛料进货价格和净料率有何关系？

5．什么是成本系数？

模块 3

调味品成本核算

◎ 学习目标

1. 了解调味品成本核算的意义
2. 明确调味品成本核算的特点
3. 掌握调味品成本核算的方法

调味品成本是构成餐饮产品成本的重要组成部分，是餐饮产品成本不可缺少的要素。因此，要精确地计算餐饮产品的成本，就必须精确地计算调味品的成本。

学习笔记

项目一　调味品成本核算的意义与特点

一、调味品成本核算的意义

我国的餐饮产品历来讲究色、香、味、形，其中尤其强调以味为本。餐饮产品丰富多样的鲜美滋味，除了主料、配料本身具有的滋味外，很大一部分来自各种各样的调味品。所以，无论是菜肴还是面点，几乎都要耗用很多种类的调味品。在每一个单位制品里，虽然各种调味品的用量都很少，在成本中所占的比重也不是很大，但从整个餐饮产品总量来看，所耗用的各种调味品用量及其成本却是相当可观的。传统的油、盐、酱、醋、胡椒、味精等调料，在餐饮企业所耗用原料的总值中占有相当的比重；而且，随着复合调料的迅速发展、天然风味调料的开发利用、保健调料的兴起以及新科技在调料中的应用，调味品的种类将会更加丰富多样，调味品的质量也将会全面提高，调味品成本在餐饮产品成本中的比重也将逐渐增大。

在某些特殊的菜肴中，调味品用量相当多，在产品成本中反而大大超过主要原料。例如，一份“麻辣豆腐”，总成本为4.5元，其主料只有两块豆腐，成本0.54元即够，只占整个成本的12%，而辅助材料和调味品的成本却需3.96元，占整个成本的88%。又如，一份“奶油菜心”，其主料只是250克菜心，成本0.85元，但调味品和奶油等的成本却多至4元，也占整个成本的80%以上。由此可见，尽管在人们印象中调味品的耗用是微量的，但其成本却不微量，而是占有相当的比重，是关系到成本核算精确度的重要因素。因此，要精确核算餐饮产品成本，必须同样认真地做好调味品的成本核算工作。

二、调味品成本核算的特点

餐饮产品的调味品种类繁多，包括调味料、调色料、调香料、调质料

学习笔记

等，但每一个单位产品中的耗用量较少，有的甚至很细微，因此，使用时不能像主料、配料那样可以事先按质定量称好，而只能在极短时间内以很快的速度随取随用。故单位产品的调味品成本，实际上是在对有代表性的餐饮产品进行试验和测算的基础上估算的平均值。但是，调味品成本即使估算得比较准确，在实际操作中，用量也往往由于操作人员的技术水平不同等原因而有所出入，所以调味品成本在餐饮产品成本中是一个较为不稳定的因素。这就要求每一个烹饪人员精通业务，熟悉各种产品的调味品用量标准，了解各种调味品的规格、质量和价格，并能根据各种调味品在容器中所占体积的大小掌握其实际用量。

三、单一调味品和复合调味品

由一种物质构成，只具有一种味道的调味品称为单一调味品。如具有甜味的糖、具有咸味的盐、具有鲜味的味精等。调味品的纯度很高，一般没有什么损耗，所以其购进单价即为其单位成本。把某些单一调味品按比例配合，加工复合而成具有多种味道的调味品称为复合调味品，如传统的糖醋汁、花椒盐、辣椒油和时下流行的沙拉调料、沙茶酱等。复合调味品多数可以直接从市场上采购到，有些则是由各个餐饮企业根据风味特色自行配制的。计算某种复合调味品的单位成本，一般只要用配制的复合调味品的总成本除以其总重量即可。其计算公式为：

$$\text{复合调味品单位成本}=\frac{\text{各种调味品成本之和}}{\text{复合调味品重量}}$$

【例3-1】自制麻辣油5千克，耗用干辣椒0.5千克，单价20元/千克；干花椒0.3千克，单价24元/千克；花生油4千克，单价25元/千克；香油1千克，单价38元/千克。试计算麻辣油的单位成本是多少。

解：各调味品的成本之和为：

$$20\times0.5+24\times0.3+25\times4+38\times1=155.2\text{（元）}$$

$$\text{麻辣油的单位成本}=\frac{\text{各种调味品成本之和}}{\text{复合调味品重量}}$$

$$=\frac{155.2}{5}$$

$$=31.04\text{（元/千克）}$$

答：麻辣油的单位成本为31.04元/千克。

学习笔记

项目二　调味品用量的估算方法

餐饮产品中的调味品耗用量一般较少，且要以很快的速度随取随用，故难以在事前或在烹调过程中及时称量，而多数采用估算的方法来确定调味品的耗用量。通常有以下三种估算方法，即容器估量法、体积估量法和规格比照法。

一、容器估量法

容器估量法就是在已知某种容器容量的前提下，根据调味品在容器中所占部位的大小，估计出其数量的一种方法。先估计出耗用量，再根据该调味品的购进单价，即可计算出成本。这种方法一般用来估量液体调味品，如麻油、酱油、醋、料酒等。由于在烹调过程中多用手勺加放调味品，因此可以运用手勺来估计这类调味品的用量，也可以运用汤匙、碗、盆、盅、钵等器皿进行估量。

二、体积估量法

体积估量法就是在已知某种调味品在一定体积中的数量的前提下，根据其体积，直接估计其数量的一种方法。根据估计出的数量，再按该调味品的进货单价，即可计算出其成本。这种方法适用于估量粉质或晶态的调味品，如盐、糖、味精、胡椒粉、干淀粉等。由于在烹调时多用羹匙、手勺等加放这些调味品，故也可以用这些器皿来估计调味品的用量。

三、规格比照法

规格比照法就是比照主料、配料质量相仿，烹调方法相同的某些老餐饮产品的调味品用量，来确定新产品调味品用量的一种方法。例如，比照“拔

学习笔记

丝荔枝肉”的糖、油耗用量，估计确定“拔丝樱桃”的糖、油耗用量；比照“干烧鲫鱼”的调味品耗用量来估计、确定“干烧鲳鱼”所使用调味品的用量等。该方法的优点是可以由此及彼，简便易行。但若对老餐饮产品的调味品用量掌握不够精确，则误差也会随之产生。此外应注意：主料、配料物性相似，质量相仿，烹调技法相同，是正确运用规格比照的基础。

经过测试，几种常见调味品在水溶液中的效应及在菜肴中较适宜的参考用量标准如下。

砂糖20克，溶于150毫升水中，甜度适中；

精盐1克，溶于150毫升水中，咸度适中；

酱油5克，溶于200毫升水中，色好味适；

酱油5克，溶于200毫升糖醋中，颜色适中；

味精0.1克，溶于100毫升水中，鲜味适宜；

蚝油10克，溶于100克菜肴中，鲜味适宜；

胡椒0.01克，溶于100毫升水中，辛辣适宜；

一份甜汤（400毫升汤液）耗用砂糖50克为宜。

一份咸汤（以400毫升汤液计算）或一份菜肴（体积相当于400毫升溶液），其较经济、较适宜的主要调味品参考用量标准为：精盐2.7克、酱油10克、味精0.4克、胡椒粉0.2克。

学习笔记

项目三　调味品成本核算的方法

餐饮产品的生产加工，基本上可分为两种类型：单件生产和批量生产。单件生产以各种菜肴为主，批量生产以卤制品和各种面点为主。生产类型不同，调味品的核算方法也不同。

一、单件产品调味品成本核算法

单件产品调味品成本就是单件制作的餐饮产品的调味品成本，也叫个别产品调味品成本，各种单件生产的菜肴的调味品成本都属于这一类。核算这一类餐饮产品的调味品成本，先要把各种惯用的调味品用量估算出来，然后根据其购进单价，分别算出金额，最后合计即得。其计算公式为：

单件产品调味品成本＝调料①成本+调料②成本+…+调料ⓝ成本

【例3–2】某饭店做“辣子鸡丁”一份，耗用各种调味品的数量及进货单价如下：生油75克，单价16元/千克；料酒10克，单价3.5元/千克；味精1.5克，单价12元/千克；酱油15克，单价2.4元/千克；糖5克，单价4.5元/千克；湿淀粉40克，单价1.5元/千克。试计算一份“辣子鸡丁”的调味品成本是多少。

解：一份“辣子鸡丁”的调味品成本＝调料①成本+调料②成本+…+调料ⓝ成本

$$=16\times0.075+3.5\times0.01+12\times0.0015+2.4\times0.015+4.5\times0.005+1.5\times0.04$$

$$=1.2+0.035+0.018+0.036+0.0225+0.06$$

$$=1.3715$$

$$\approx1.372\text{（元）}$$

答：一份“辣子鸡丁”的调味品成本约为1.372元。

二、批量产品平均调味品成本核算法

学习笔记

批量产品平均调味品成本，是指批量生产的餐饮产品的单位平均调味品成本。面点、卤制品的调味品成本等都属于这一类。计算这类餐饮产品的调味品成本，应分两步来进行：

第一步，首先用容器估量法和体积估量法估算出整批产品中各种调味品的总用量及其成本。由于在这种情况下，调味品的使用量一般较多，应尽可能过秤，使调味品成本核算较为精确，同时也能保证餐饮产品质量的稳定。

第二步，用调味品的总成本除以该批餐饮产品的总数量，即可求出每一单位产品的平均调味品成本。其计算公式为：

$$\text{批量产品平均调味品成本}=\frac{\text{批量生产耗用调味品总成本}}{\text{该批产品总量}}$$

【例3-3】某餐馆用麻油100克（单价38元/千克）、酱油50克（单价2.4元/千克）、白糖100克（单价4.5元/千克）、米醋100克（单价2.6元/千克）、葱、姜、蒜末少许（作价0.2元）、耗用燃料0.8元，加适量水（不作价）配制成糖醋卤汁1.5千克。试求糖醋卤汁100克的成本为多少元。

解：糖醋卤汁1.5千克的调味品总成本为：

$38\times0.1+2.4\times0.05+4.5\times0.1+2.6\times0.1+0.2+0.8=5.63$（元）

$$\text{糖醋卤汁的单位成本}=\frac{5.63}{1.5}=3.75\text{（元/千克）}$$

100克糖醋卤汁的成本$=3.75\times0.1=0.375$（元）

答：糖醋卤汁100克的成本为0.375元。

【例3-4】某饭店制作“叉烧肉”80块，经计算共用去各种调味品如下：酱油1.25千克（单价2.4元/千克），冰糖400克（单价6.2元/千克），葱100克（单价2.2元/千克），姜100克（单价2.4元/千克），五香粉50克（作价1元）。试计算每块“叉烧肉”的调味品成本是多少。

解：80块“叉烧肉”的调味品总成本为：

$2.4\times1.25+6.2\times0.4+2.2\times0.1+2.4\times0.1+1=6.94$（元）

$$\text{每块“叉烧肉”的调味品成本}=\frac{6.94}{80}=0.08675\approx0.087\text{（元）}$$

答：每块“叉烧肉”的调味品成本约为0.087元。

学习笔记

检查评价

内容回顾

本模块介绍了调味品成本核算的意义和特点，学习了调味品用量的估算方法和调味品成本核算的方法等内容。重点阐述了调味品用量的估算方法和调味品成本核算的方法在实际生产管理中的运用。调味品成本是餐饮产品成本的重要组成部分，只有掌握了调味品成本的核算方法，准确计算调味品成本，才能保证餐饮产品成本计算的准确性。

强化演练

一、填空题（请将正确答案填入题内横线上）

1. 我国的餐饮产品历来讲究________、________、________、________，其中尤其强调以________为本。

2. 调味品成本在餐饮产品成本中是一个较为________的因素。

3. 调味品分为________调味品和________调味品。

4. 调味品用量的估算方法有________、________和________三种。

5. 容器估量法一般适用于估量________调味品。

6. 体积估量法一般适用于估量________调味品。

7. 规格比照法是用来确定________调味品用量的一种方法。

二、单项选择题（每小题的四个备选答案中只有一个是正确的，请将正确答案的编号填入括号内）

1. 容器估量法适用于（　）调味品的估量。

A. 液体　　B. 粉质　　C. 晶体　　D. 固体

学习笔记

2. 体积估量法适用于（　）调味品的估量。

A. 液体　B. 粉质　C. 晶体　D. 固体

3. 下列调味品中适用于容器估量法的是（　）。

A. 干淀粉　B. 味精　C. 胡椒粉　D. 酱油

4. 下列调味品中适用于体积估量法的是（　）。

A. 料酒　B. 味精　C. 香油　D. 酱油

5. 根据“干烧鲫鱼”的调味品耗用量来估计、确定“干烧鲳鱼”的调味品耗用量的方法是（　）。

A. 容器估量法　B. 体积估量法

C. 规格比照法　D. 称量法

三、多项选择题（每小题的五个备选答案中有两个或两个以上是正确的，请将正确答案的编号填入括号内）

1. 调味品用量的估算方法有（　）。

A. 称量法　B. 容器估量法　C. 体积估量法

D. 规格比照法　E. 估计法

2. 下列调味品中适用于容器估量法的是（　）。

A. 干淀粉　B. 味精　C. 胡椒粉

D. 酱油　E. 香油

3. 下列调味品中适用于体积估量法的是（　）。

A. 料酒　B. 味精　C. 香油

D. 酱油　E. 干淀粉

四、判断题（下列表述中，认为正确的请在题后括号内画“√”，错误的画“×”）

1. 我国的餐饮产品历来讲究色、香、味、形，其中尤其强调以香为本。（　）

2. 由一种物质构成，只具有一种味道的调味品称为复合调味品。（　）

3. 调味品成本在餐饮产品成本中的比重有增大的趋势。（　）

4. 调味品成本在餐饮产品成本中是一个较为稳定的因素。（　）

5. 复合调味品都是从市场上采购得到的。（　）

学习笔记

五、计算题

1. 某饭店制作“辣子肉丁”一份，耗用各种调味品数量及其单价见表3–1。

表 3–1　　辣子肉丁耗用调味品数量及单价

调味品名称	耗用数量 / 克	单价 /（元 / 千克）
生油	75	16
料酒	10	3.5
味精	2	12
酱油	15	2.4
糖	5	4.5
湿淀粉	40	1.5

试求其调味品成本是多少。

2. 某餐馆用生猪肝8.4千克，制成卤猪肝5.1千克。经估量或实称共用去各种调味品数量及其单价为：生油100克，单价16元/千克；糖250克，单价4.5元/千克；料酒250克，单价3.5元/千克；酱油750克，单价2.4元/千克；味精10克，单价12元/千克；八角、桂皮等少许，作价0.6元；葱、姜适量，作价1.2元。试计算每100克卤猪肝的调味品成本是多少元。

3. 某汤包馆生产200份小笼汤包，耗用的各种调味品数量及其单价见表3–2。

表 3–2　　小笼汤包耗用调味品数量及单价

调味品名称	耗用数量 / 克	单价 /（元 / 千克）
味精	80	12
胡椒粉	20	50
红糖	200	6
红醋	1000	4
麻油	250	38
生姜	800	2.4
酱油	2000	2.4
料酒	100	3.5
盐、碱等适量计 2 元		

学习笔记

试计算每份小笼汤包的调味品成本是多少元。

4．某酒店购进牛肉15千克，经加工制成五香牛肉，称重8.4千克。耗用调味品如下：植物油3千克，单价25元/千克；糖800克，单价4.5元/千克；酱油1.2千克，单价2.4元/千克；料酒600克，单价3.5元/千克；味精50克，单价12元/千克；葱姜共计3元；香料作价5元。试求100克五香牛肉的调味品成本是多少元。

六、简答题

1．调味品成本核算的意义和特点是什么？

2．调味品用量的估算方法有哪些？各适用于哪些调味品？

3．单件产品调味品成本和批量产品调味品成本在核算方法上有哪些不同？试举例说明。

模块4

餐饮产品的成本核算

◎ 学习目标

1. 了解餐饮产品成本核算的特点
2. 掌握餐饮产品成本核算的方法
3. 学会面食产品的成本核算方法和菜肴制品的成本核算方法
4. 了解餐饮成本报表的编制方法

餐饮产品成本核算是餐饮业成本核算的主要内容，是制定餐饮产品销售价格的基础。成本计算不准确，销售价格就难以合理，其结果不是影响企业利益，就是侵害消费者的利益，原材料成本的一切核算也将完全失去意义。因此，精确地核算产品成本有十分重要的意义。

学习笔记

项目一　餐饮产品成本核算的方法和特点

一、餐饮产品成本核算的方法

餐饮产品成本核算，实质上是餐饮产品原材料成本的核算。餐饮产品的成本是其所耗用的各种原材料的成本总和，即所耗用的主料、配料成本（通常以生料成本或半制品成本形式出现）与调味品成本之和。所以，要核算某一单位产品的成本，只要将其所耗用的各种原材料成本逐一相加即可。

餐饮产品的加工制作有批量生产和单件生产两种类型。因此，产品成本的核算方法也相应有两种，即先总后分法和先分后总法。

（一）先总后分法

先总后分法，就是根据生产某批餐饮产品所耗用的各种原材料的数量和单价，逐一计算出每种原材料的成本，然后加总求得总成本，再用总成本除以该批次产品的数量而求得其单位产品的平均成本的方法。这一方法适用于计算批量制作的餐饮产品成本，如卤制品、面点等。因为，对于批量制作的餐饮产品来说，其各单位产品的用料和规格质量基本一样，所以，在计算单位产品的成本时，一般先计算出每一批产品的总成本，然后再根据该批次的数量求出每一单位产品的平均成本。

用先总后分法计算产品成本的公式是：

$$单位产品成本=\frac{某批产品所耗用的原材料总成本}{该批产品数量}$$

其中，某批产品所耗用的原材料总成本＝该批产品所耗用的主料成本+该批产品所耗用的配料成本+该批产品所耗用的调味品成本

学习笔记

（二）先分后总法

先分后总法，就是根据生产单件餐饮产品所耗用的各种原材料的数量和单价，逐一计算出每种原材料的成本，然后进行加总，即得出单位产品的总成本。这一方法适用于计算单件制作的餐饮产品成本，如小炒荤菜、花色冷拼等。因为，对于单件制作的餐饮产品来说，其每一产品的用料和规格质量不尽相同，所以，求其单位产品的成本，必须个别计算。

用先分后总法计算产品成本的公式是：

单位产品成本＝单位产品所耗用的主料成本＋单位产品所耗用的配料成本＋单位产品所耗用的调味品成本

计算时，首先要列出餐饮产品的原材料配方及其用量，这可根据本企业制定的标准食（菜）谱查出；其次根据原材料的进货单价或单位成本和用量计算出各种原材料的成本，餐饮产品中的各种原材料均系净料或半制品，计算时必须用净料或半制品的单位成本和重量；最后求出餐饮产品的总成本（包括主料成本、配料成本和调味品成本）。

餐饮业的成本计算，一般是根据所耗用的原材料每月计算一次。如果厨房领用的原材料当月完全用完无剩余，则领用的原材料金额就是当月全部产品的成本；若有剩余原材料，则采用“以存计耗法”倒求成本。其计算公式为：

本月耗用原材料成本＝月初原材料结存额＋本月领用原材料总额－月末原材料盘存额

餐饮业基本上都采用“以存计耗法”计算所耗用的原材料成本。因此，必须把月末的盘存工作组织好，及时地对厨房（包括隶属企业的小仓库、保管室等）的剩余原材料进行全面的精确盘点，并且合理地进行计价，以保证餐饮产品成本计算的准确性。

二、餐饮产品成本核算的特点

一般情况下，餐饮产品的制作生产很少受生产工具和原材料种类的严格限制，无论什么主料或配料，都可进行适当的调理和搭配，制作出一些特定的餐饮产品。可以说餐饮产品的原材料组成具有较大的随机性，加之市场变化，主料、配料的进货情况每天有所不同，菜点产品花色品种千变万化，多种多样，甚至一天当中早、中、晚都不尽相同。从这一情况来看，餐饮产品

学习笔记

的成本核算是比较繁琐和复杂的。也就是说，餐饮产品的成本核算在时间上没有一定的规律性，必须根据每天购进原材料的情况，随时进行核算工作。负责核算工作的生产业务人员，必须充分认识到产品核算中的这一特点，严守工作岗位，增强核算工作的责任感。

学习笔记

项目二　面食产品的成本核算

一、面食产品成本核算的方法

面食产品，如米饭、馒头、包子、饺子、油条、烧卖等大多数是批量生产的，但少数品种，如炒面、果羹等有时是单件生产的。根据不同的生产方式，可以用不同的方法核算各种面食产品的成本。其计算步骤是：

第一步，列出面食产品的原材料配方及其用量。这可根据本企业制定的标准食谱查出。

第二步，根据原材料的进货单价或单位成本和用量，计算出各种原材料的成本。餐饮产品中的各种原材料均系净料或半制品，计算时必须用净料或半制品的单位成本和重量。

第三步，求出面食产品的总成本（包括主料成本、配料成本和调味品成本）和单位成本。

【例4–1】某饭店制作小笼包，每100个的用料是：富强粉5千克，单价4元/千克；猪腿肉6.5千克，单价20元/千克；肉皮2千克，单价6元/千克；味精0.04千克，单价12元/千克；胡椒粉0.01千克，单价50元/千克；红糖0.1千克，单价4元/千克；麻油0.125千克，单价38元/千克；生姜0.4千克，单价2.4元/千克；酱油1千克，单价2.4元/千克；红醋0.5千克，单价4元/千克；料酒0.05千克，单价3.5元/千克；碱、盐等少许（作价0.3元）。试求每个小笼包的成本是多少。

解：①列出小笼包的原材料配方、用量和单位成本（表4–1），计算每种原料的成本。

表 4–1　　小笼包的原材料配方、用量及单位成本

原材料名称	用量 / 千克	单位成本 /（元 / 千克）	金额 / 元
富强粉	5	4	20
猪腿肉	6.5	20	130

学习笔记

续表

原材料名称	用量 / 千克	单位成本 / （元 / 千克）	金额 / 元
肉皮	2	6	12
味精	0.04	12	0.48
胡椒粉	0.01	50	0.5
红糖	0.1	4	0.4
麻油	0.125	38	4.75
生姜	0.4	2.4	0.96
酱油	1	2.4	2.4
红醋	0.5	4	2
料酒	0.05	3.5	0.175
碱、盐等			0.3

②计算100个小笼包的总成本：

总成本＝20+130+12+0.48+0.5+0.4+4.75+0.96+2.4+2+0.175+0.3
＝173.965（元）

③计算每个小笼包的成本：

$$单个成本=\frac{173.965}{100}=1.73965\approx 1.740（元）$$

答：每个小笼包的成本约为1.740元。

【例4–2】某餐馆制作三鲜炒面，每份用料如下：鲜面条0.2千克，单价4元/千克；瘦肉0.05千克，单价20元/千克；香菇0.02千克，单价12元/千克；胡萝卜0.02千克，单价3.6元/千克；韭菜0.02千克，单价4.4元/千克；豆芽0.02千克，单价3.2元/千克；姜丝0.01千克，单价2.4元/千克；葱丝0.01千克，单价2.20元/千克；生粉0.02千克，单价1.5元/千克；食用油0.07千克，单价25元/千克；盐、生抽、鸡精等作价0.2元。试求每份三鲜炒面的成本是多少。

解：由于三鲜炒面是单件生产的，因此它的成本必须用先分后总法进行计算。其成本为：

每份三鲜炒面成本＝4×0.2+20×0.05+12×0.02+3.6×0.02+4.4×0.02+3.2×0.02+2.4×0.01+2.2×0.01+1.5×0.02+25×0.07+0.2
＝4.29（元）

答：每份三鲜炒面的成本是4.29元。

学习笔记

二、面食产品成本核算的基本要点

（一）必须坚持单一品种核算

要建立“产品成本核算单”，逐日记录原材料领用量和实际耗用量情况，逐日结出余额，表示已领而未用完的原材料、半成品和尚未售出的制成品数额。“产品成本核算单”样式如表4–2所示。

表 4–2　　面点产品成本核算单

产品名称：　　年　月　日　　金额单位：元

原材料品名	计量单位	单价	上日结存		本日领料		本日耗用		本日结存		拨入或拨出量		
			数量	金额	数量	金额	数量	金额	数量	金额	拨入	拨出	来源或去向
合计													

核算员：　　保管员：　　生产员：

（二）必须坚持凭单发料制度

保管部门必须凭生产部门的领料单，严格按每个品种规定的分量质量标准或其他核算标准发料，以控制各个产品的配料定额，贯彻节约用料的原则。

（三）必须坚持每天盘点制度

生产部门领用的原材料并不等于实际耗用的原材料，所生产的制成品也未必当天全部售完。因此，必须在生产和销售工作结束后进行盘点，并对已领而尚未用完的原材料按进价计算价值，对未售出的制成品和在制的半成品折合成原材料计算价值，以便计算已售出的产品原材料耗用数量，从而精确地确定其成本，并检验其是否同原来制定的投料标准和成本相符。

（四）必须做到及时转账

生产部门各品种间相互调拨的原材料，也必须及时做调入或调出转账，以免造成产品成本的虚增或虚减，影响成本核算的准确性。

学习笔记

项目三　菜肴制品的成本核算

一、菜肴制品成本核算的方法

菜肴制品品种繁多，但基本上可分为两大类，即热菜和冷盘（或称冷菜）。无论哪一类菜肴大多是单件生产的，但也有少数品种，如珍珠丸子、卤制品等则是批量生产的。要核算个别配制单件生产的菜肴制品的成本，只要将制作这份菜肴所需耗用的各种原材料的成本逐一加总即可。

【例4-3】西湖菊花鱼一份，用料如下：青鱼肉200克，单价10元/千克；五柳料50克，单价3.2元/千克；生粉80克，单价2.4元/千克；净鸡蛋35克，单价6.8元/千克；糖醋200克，单价4元/千克；生油75克，单价25元/千克；盐、味精等调料共计0.2元。试求该份菜肴的成本是多少。

解：①列出西湖菊花鱼的原材料配方、数量及单价（表4-3），计算每种原料成本。

表 4-3　　西湖菊花鱼的原材料配方、数量及单价

原材料名称	用量 / 千克	单位成本 /（元 / 千克）	金额 / 元
青鱼肉	0.2	10	2
五柳料	0.05	3.2	0.16
生粉	0.08	2.4	0.192
净鸡蛋	0.035	6.8	0.238
糖醋	0.2	4	0.8
生油	0.075	25	1.875
盐、味精等			0.2

②先分后总法进行计算，得：

一份西湖菊花鱼的成本＝2+0.16+0.192+0.238+0.8+1.875+0.2

＝5.465（元）

答：一份西湖菊花鱼的成本为5.465元。

学习笔记

【例4–4】红烧狮子头每100个的用料如下：五花肉4.5千克，单价18元/千克；马蹄（荸荠）300克，单价3.6元/千克；冬菇300克，单价12元/千克；老抽300克，单价8元/千克；生粉300克，单价1.50元/千克；白糖15克，单价4.5元/千克；味精30克，单价12元/千克；鸡汤2千克，作价12元；生油1千克，单价25元/千克；盐360克，单价3.5元/千克；葱250克，单价2.2元/千克；姜200克，单价2.4元/千克；青菜心500克，单价3.4元/千克；试计算每个狮子头的成本是多少元。若一盘装4个狮子头，其成本又是多少元。

解：狮子头是批量生产制作的，可运用先总后分法进行计算。

$$\begin{aligned}\text{每个狮子头的成本} &= (18\times4.5+3.6\times0.3+12\times0.3+8\times0.3+1.5\times0.3+4.5\times\\&\quad 0.15+12\times0.03+12+25\times1+3.5\times0.36+2.2\times0.25+2.4\times\\&\quad 0.2+3.4\times0.5)/100\\&= 130.555/100\\&\approx 1.306\text{（元）}\end{aligned}$$

一盘狮子头的成本＝1.306×4＝5.224（元）

答：每个狮子头的成本约为1.306元，一盘装4个狮子头的成本为5.224元。

二、菜肴制品成本核算的基本要点

（一）核定每份菜品的原材料耗用定量及成本

要在历史经验的总结和实际试制结果的基础上，核算各个菜品原材料耗用定量及成本。

（二）保持原材料耗用定量和成本定额的相对稳定

原材料耗用定量和成本定额合理地确定下来之后，应保持相对稳定，并悬牌公布，便于消费者监督，促进企业和企业员工能认真做到主料过秤，配料合理，定份下锅，均衡装盘，逐日盘存，坚持日清月结，算作一致，质价相符。

（三）严格执行原材料耗用定量和成本定额

在执行原材料耗用定量和成本定额中，既要防止缺斤少两、以劣充优的现象发生，也要防止用料偏松、不讲核算的错误倾向，避免成本忽高忽低、毛利时大时小的问题发生。

生产部门往往以填报“菜肴制品成本核算单”的方式直接计算出菜肴制品成本。样式如表4–4所示。

表 4-4　　菜肴制品成本核算单

产品名称：　　　　年　月　日　　　　金额单位：元

用料品名	计量单位	数量	单价	金额	备注
合计					

核算员：　　　保管员：　　　生产员：

学习笔记

学习笔记

项目四　餐饮成本报表

为了及时掌握餐饮产品成本的变化情况，向企业管理层提供餐饮产品成本的有关数据，为管理层决策当好参谋，餐饮企业的成本核算应按时编制成本报表，分析成本变化，查找原因，以便采取措施控制成本，促进企业不断改善经营管理。餐饮成本报表主要有日报表和月报表两种。小型餐饮企业一般每月进行一次餐饮产品成本核算；大型餐饮企业除了进行月成本核算和编制成本月报表外，还要进行日成本核算和编制成本日报表，以便及时掌握企业的经营情况。

一、餐饮成本月报表

在生产经营中，有的餐饮企业成本控制不善，原因就在于缺少每月的成本核算，更谈不上餐饮产品成本的月报表了。管理者无法对成本进行量化控制，只是现场监控有无浪费和保安检查有无盗窃等问题，这不能从根本上杜绝成本漏失的情况发生。餐饮经理一般都明确成本目标，可究竟是否实现了目标，却不一定清楚。这就必须通过成本核算，才能知道是否达到了目标。如果没有达到目标，就应查找原因，采取相应措施加以改进。

月餐饮产品成本核算，实际上就是计算一个月内餐饮产品的销售成本。这就需要餐饮企业设一名专职成本核算员，对营业收入和各种原材料进货、发料做好原始记录，按时进行仓库原材料盘点清查，做到日清月结，计算出月餐饮产品的成本。

（一）月餐饮成本核算的方法

月餐饮成本核算主要有以下两种方法。

1. 按厨房实际领用的原材料计算产品成本

按厨房实际领用的原材料来计算已售出产品耗用的原材料成本，核算期

学习笔记

一般是每月一次。具体计算方法为：如果厨房领用的原材料当月全部用完而无剩余，领用的原材料金额就是当月产品的成本；如果有余料，在计算产品成本时应进行盘点并从领用的原材料中减去，求出当月实际耗用原材料的成本。其计算公式为：

本月耗用原材料成本＝月初结存额+本月领用额-月末盘存额

其中，"月末盘存额"包括剩余原材料、未出售的制成品和半制品，需要通过实地盘点，按配料定额和账面价格折合计算。

这种方法主要适用于条件较好的实行领料制度的餐饮企业。因为这种类型的企业设有专门储存原材料的仓库和冷藏设备，并由专人负责，凡是加工制作所需要的原材料，均须经过一定的领料手续才可领用。

2. "以存计耗"，倒求成本

该方法就是每月末对库存餐饮原材料进行盘点，做到账实相符，在此基础上采用下列公式倒求出餐饮产品成本的方法。"以存计耗"的计算公式为：

本月耗用原材料成本＝月初结存额+本月原材料购进额-各项扣除额-月末盘存额

其中，各项扣除额包括：

①员工用餐成本。该笔费用应计入销售费用或管理费用中去。

②招待用餐成本。该笔费用应计入企业的管理费用中去。

③出售余料成本。

④其他杂项扣除。如为了促销而向消费者赠送的水果、饮料等。

原材料盘存表的格式见表4-5。

表 4-5　　原材料盘存表

编　　号：

部门：　　类别：　　年　月　日　　金额单位：元

原材料名称	单位	单价	盘存数量	盘存金额	备注
合计					

保管人：　　参加盘点人员：

学习笔记

这种方法主要适用于设备条件比较简陋的小型餐饮企业。因为这种类型的企业一般不设专门的储存环节，购进的原材料全部交付厨房使用，无专人负责。厨房耗用的原材料平时不记账，待到月末，根据厨房盘点原材料的剩余情况，采用“以存计耗”的办法计算耗用的原材料成本。

实践证明，采用领料制度的管理方法，核算出来的原材料成本才真实可靠，有利于控制原材料的消耗。凡有条件的餐饮企业都应采用此法。采用“以存计耗”方法计算成本，虽然手续简便，但不能从账目上及时反映餐饮产品原材料的耗用情况和原材料的结存情况，而且原材料的盈亏和耗用混淆不清、漏洞较多、损耗较大、责任不明，不利于加强经济核算和成本控制，所以，应尽量避免采用这种方法。

【例4-5】某餐馆月末进行原材料消耗的盘点，结果是剩余原材料600元。已知该餐馆本月共购进原材料2600元，上月末结存原材料500元。问该餐馆本月实际消耗原材料成本为多少元？

解：实际消耗原材料成本＝上月结存额+本月购进额-月末结存额

＝500+2600-600

＝2500（元）

答：该餐馆本月实际消耗原材料成本为2500元。

（二）餐饮成本月报表的编制

表 4-6　　某餐饮企业餐饮产品成本月报表

编制日期：　年　月　日　　金额单位：元

项目	金额
月初仓库结存额	120000
月初厨房结存额	42000
本月仓库采购额	220000
本月直接购入额	190000
减：月末仓库结存额	114000
减：月末厨房结存额	45000
本月餐饮产品总消耗额	413000
内部调入成本	0
减：内部调出成本	0
减：员工用餐成本	36000
减：招待用餐成本	18500

续表

项目	金额
减：出售余料成本	0
减：其他杂项扣除	4500
扣除总额	59000
本月餐饮成本净额	354000
本月餐饮营业额	735967
标准成本率	46%
实际成本率	48.1%

如表4-6所示，该企业的标准成本率为46%，实际成本率为48.1%，比标准成本率高2.1个百分点，说明该企业对餐饮成本控制还存在一定的问题，有待进一步解决。

表 4-7　　　某餐饮企业餐饮产品成本月报表

编制日期：　　年　月　日　　　　金额单位：元

项目	金额
月初仓库结存额	0
月初厨房结存额	14000
本月仓库采购额	71000
本月直接购入额	63000
减：月末仓库结存额	0
减：月末厨房结存额	12000
本月餐饮产品总消耗额	136000
内部调入成本	0
减：内部调出成本	0
减：员工用餐成本	8500
减：招待用餐成本	3500
减：出售余料成本	0
减：其他杂项扣除	1500
扣除总额	1350
本月餐饮成本净额	122500
本月餐饮营业额	275281
标准成本率	48%
实际成本率	44.5%

学习笔记

学习笔记

如表4–7所示，该企业的标准成本率为48%，实际成本率为44.5%，比标准成本率低3.5个百分点，说明该企业对餐饮成本控制有一定的成效或者存在投料不足等问题，需要进一步分析原因。

（三）实际成本率与标准成本率的对比分析

以表4–7资料为例。

（1）检查企业的评价标准。假设实际成本率与标准成本率的相对误差小于3%为优，3%～6%为良，大于6%为差。

（2）计算实际成本率与标准成本率的相对误差。

$$实际相对误差 = \frac{|实际耗料成本-标准耗料成本|}{标准耗料成本} \times 100\%$$

$$= \frac{|实际成本率-标准成本率|}{标准成本率} \times 100\%$$

$$= \frac{|44.5\%-48\%|}{48\%} \times 100\%$$

$$= 7.3\%$$

（3）比较成本率的相对误差。7.3%>6%，表明误差较大，远远超出了规定的标准。

（4）分析问题。通过比较，发现实际投料的数量普遍达不到规定的标准数量，由此造成实际成本率低于标准成本率（即44.5%<48%）。

（5）结论。造成实际成本率低于标准成本率的原因是投料量偏低。

二、餐饮成本日报表

通过分析餐饮成本月报表的数据，固然可以发现成本控制中存在的问题，然而采取纠正措施后，却需要等待一个月的时间才能知道纠正措施的效果如何。由于餐饮成本月报表报告间隔时间过长，对企业的日常业务指导意义不大，因而，企业除了进行月餐饮产品成本核算外，还需要进行日餐饮产品成本核算。

餐饮企业每日的餐饮产品成本由直接购料和从仓库领料组成。直接购料的成本数据可从企业每天的购料单上获得，从仓库领料的成本数据可从原材料领料单上得到。原材料领料单的格式如表4–8所示。

表 4-8　　原材料领料单

编　　号：

领料部门：　　　　年　月　日　　　　金额单位：元

原材料名称	规格	计量单位	数量		单价	金额	备注
			请领	实发			

厨师长：　　　　保管员：　　　　领料人：

学习笔记

除这两项成本外，还应同时考虑各项调整因素。如内部调拨、员工用餐餐饮产品成本、招待用餐餐饮产品成本等。计算出餐饮产品日成本后，再从有关收入报表中取得日销售额数据，就可以计算出日餐饮产品成本率。其具体步骤如下。

第一步，核算各餐厅的营业收入。

餐厅营业收入包括餐饮产品销售收入和酒水销售收入。

第二步，核算每日餐饮产品成本。

餐饮产品成本包括餐饮产品销售成本和酒水销售成本。

第三步，计算餐饮产品成本率和成本率相对误差。

在每日成本核算的基础上计算餐饮产品的成本率和成本率相对误差。其计算公式为：

$$当日餐饮产品成本率=\frac{当日餐饮产品成本}{当日餐饮产品营业收入}\times 100\%$$

$$当日饮料成本率=\frac{当日饮料成本}{当日饮料营业收入}\times 100\%$$

$$成本率相对误差=\frac{实际成本率-标准成本率}{标准成本率}\times 100\%$$

$$成本率差额=实际成本率-标准成本率$$

【例4-6】东方酒店有一、二两个餐厅。2012年9月18日，成本核算员收集两个餐厅的成本核算资料（表4-9），试计算当日各餐厅及全店的餐饮成本。

学习笔记

表 4-9　　东方酒店餐厅日成本核算资料

2012 年 9 月 18 日　　金额单位：元

项目	一餐厅			二餐厅			合计		
	餐饮产品	饮料	合计	餐饮产品	饮料	合计	餐饮产品	饮料	合计
直接购入	3420	820	4240	4150	1100	5250	7570	1920	9490
仓库领用	4460	200	4660	4560	420	4980	9020	620	9640
内部调入	70	—	70	150	210	360	220	210	430
内部调出	140	210	350	140	—	140	280	210	490
职工用餐	120	—	120	140	—	140	260	—	260
招待用餐	200	100	300	—	210	210	200	310	510
余料出售	30	—	30	50	—	50	80	—	80
上日结存	220	500	720	380	560	940	600	1060	1660
本日结存	270	420	690	320	250	570	590	670	1260
当日营业额	16841	2926	19767	24861	6905	31766	41702	9831	51533
标准成本率 /%	42	30	40.22	38	28	35.8	39.6	28.59	37.51

解：根据上述统计资料，直接核算当日成本，并与标准成本比较。假定规定的成本率相对误差<2%，成本率差额<1.2%。核算结果如表4-10所示。

表 4-10　　东方酒店餐厅日成本核算结果

2012 年 9 月 18 日　　金额单位：元

项目	一餐厅			二餐厅			合计		
	餐饮产品	饮料	合计	餐饮产品	饮料	合计	餐饮产品	饮料	合计
实际成本	7410	790	8200	8590	1830	10420	16000	2620	18620
标准成本	7073	878	7950	9447	1933	11372	16514	2811	19330
绝对误差	337	-88	250	-857	-103	-952	-514	-191	-710
相对误差 /%	4.76	-10.02	3.14	-9.07	-5.33	-8.37	-3.11	-6.79	-3.67
实际成本率 /%	44	27	41.48	34.55	26.50	32.80	38.37	26.65	36.13
标准成本率 /%	42	30	40.22	38	28	35.8	39.60	28.59	37.51
成本率差额 /%	2	-3	1.26	-3.45	-1.50	-3.00	-1.23	-1.94	-1.38

分析结果表明，该酒店2012年9月18日一餐厅、二餐厅成本绝对误差分别为250元、-952元，合计-710元，相对误差分别为3.14%、-8.37%，合计-3.67%，只有一餐厅超过规定的2%要求。成本率差额两个餐厅分别为

学习笔记

1.26%、-3%，合计为-1.38%，也是只有一餐厅超过规定的1.2%要求。为此，应查明具体原因，提出改进措施。

第四步，编制“餐饮产品成本日报表”。

首先，将分类统计核算出的餐饮产品成本分别填入各餐厅的餐饮产品成本栏内。

其次，将各餐厅的营业额分别填入各餐厅营业额栏内。

再次，核算出各餐厅的餐饮产品成本率。

最后，综合汇总编制完成“餐饮产品成本日报表”（表4-11），并附上情况分析说明。

表 4-11　　某酒店某餐厅餐饮产品成本日报表

2012 年 9 月　日　　　　金额单位：元

日期	直接购入	仓库领用	内部调拨		职工用餐	招待用餐	余料出售	餐饮产品成本		营业额		餐饮产品成本率 /%	
			调进	调出				当日	累计	当日	累计	当日	累计
1	1000	800	200	120	100	150	20	1610	1610	3578	3578	45.0	45.0
2	1050	650	50	100	80	120	30	1420	3030	3191	6769	44.5	44.8
3	1200	750	150	60	100	-	20	1920	4950	4414	11183	43.5	44.3
4	1080	680	220	-	110	100	-	1770	6720	4204	15387	42.1	43.7
5	800	920	160	50	80	-	50	1700	8420	3753	19140	45.3	44.0
6	1100	870	250	200	90	200	20	1710	10130	4120	23260	41.5	43.6
7	950	860	-	100	80	-	30	1600	11730	3951	27211	40.5	43.1
⋮	⋮	⋮	⋮	⋮	⋮	⋮	⋮	⋮	⋮	⋮	⋮	⋮	⋮
31	1200	700	250	140	100	250	20	1640	52700	4152	123131	39.5	42.8

【例4-7】如表4-11所示的数据，计算该餐厅2012年9月3日的餐饮产品成本、累计成本、当日餐饮产品成本率和累计成本率。

解：9月3日的餐饮产品成本＝1200+750+150-60-100-20＝1920（元）

1～3日累计成本＝3030+1920＝4950（元）

$$9月3日的餐饮产品成本率=\frac{1920}{4414}\times100\%=43.5\%$$

$$1\sim3日累计成本率=\frac{4950}{11183}\times100\%=44.3\%$$

答：9月3日的餐饮产品成本是1920元，累计成本是4950元，当日餐饮产

学习笔记

品成本率是43.5%，累计成本率是44.3%。

采用上述方法计算出的餐饮产品成本及餐饮产品成本率，一般是比较粗略的。因为厨房领用的原材料和直接采购的原材料不可能当天全部消耗完，对于厨房存料额一般忽略不计。因此，计算出的餐饮产品日成本额与实际的日成本额存在一定的误差。为了减少日成本核算误差带来的影响，加强企业成本控制，必须认真核算每日的餐饮成本。

酒水成本日报表，也可参照表4-11编制。表4-12所示为简化的酒水成本日报表。

表 4-12　　酒水成本日报表

年　月　日　　金额单位：元

项目	当日	累计	
		本周	上周
营业收入	8500	43500	38200
酒水成本	4000	20000	18500
酒水成本率 /%	47.06	45.98	48.43

该表列出了企业当日的酒水成本，并将此项与本周累计及上周同期的成本率进行比较。从该表中可以看出，当日成本率高于本周平均成本率，本周累计成本率比上周同期降低了2.45个百分点，说明成本控制有成效。由于是近期比较，管理层便容易发现问题所在及其原因，从而起到指导管理者对日常工作进行调整、协调、控制的作用。

学习笔记

检查评价

内容回顾

本模块介绍了餐饮产品成本核算的方法和特点、面食产品的成本核算、菜肴制品的成本核算及餐饮成本报表的编制等内容。餐饮产品成本核算的方法分先分后总法和先总后分法两种。餐饮成本报表分为日报表和月报表两种。月报表的编制一般采用“以存计耗”的方法进行。掌握有关餐饮产品成本核算的方法是本模块的重点和难点。

强化演练

一、填空题（请将正确答案填入题内横线上）

1. 餐饮产品成本核算是餐饮业成本核算的________，是制定餐饮产品销售价格的________。

2. 餐饮产品的生产分为________和________两种类型。相应地餐饮产品成本的核算方法也有________和________两种方法。

3. 先总后分法适用于计算________的餐饮产品成本；先分后总法适用于计算________的餐饮产品成本。

4. 餐饮产品的原材料组成具有较大的________。

5. 月餐饮成本核算的方法主要有________和________两种。

二、单项选择题（每小题的四个备选答案中只有一个是正确的，请将正确答案的编号填入括号内）

1. 单件生产的餐饮产品，其成本的计算应采用（　　）。

A. 先分后总法　　B. 先进先出法

C. 先总后分法　　D. 加权平均法

学习笔记

2. 成批生产的餐饮产品，其成本的计算应采用（　）。

A. 加权平均法　　B. 先分后总法

C. 先进先出法　　D. 先总后分法

3. “按厨房实际领用的原材料计算产品成本”的方法适用于（　）。

A. 条件较好的餐饮企业

B. 设备条件比较简陋的小型餐饮企业

C. 条件较好的实行领料制度的餐饮企业

D. 实行领料制度的小型餐饮企业

4. “‘以存计耗’，倒求成本”的方法适用于（　）。

A. 条件较好的餐饮企业

B. 设备条件比较简陋的小型餐饮企业

C. 条件较好的实行领料制度的餐饮企业

D. 实行领料制度的小型餐饮企业

三、多项选择题（每小题的五个备选答案中有两个或两个以上是正确的，请将正确答案的编号填入括号内）

1. 面食产品成本核算的基本要点是（　）。

A. 必须坚持单一品种核算　　B. 必须坚持凭单发料制度

C. 必须坚持每天盘点制度　　D. 必须做到及时转账

E. 必须做到及时核算

2. 菜肴制品成本核算的基本要点是（　）。

A. 核定每份菜品的原材料耗用定量及成本

B. 保持原材料耗用定量的相对稳定

C. 保持原材料成本定额的相对稳定

D. 严格执行原材料耗用定量

E. 严格执行原材料成本定额

3. 餐饮成本报表分为（　）。

A. 日报　　B. 五日报　　C. 周报

D. 旬报　　E. 月报

4. “‘以存计耗’，倒求成本”方法中的“各项扣除额”包括（　）。

A. 员工用餐成本　　B. 招待用餐成本

C. 出售制成品成本　　D. 出售余料成本

E. 其他杂项扣除

学习笔记

四、判断题（下列表述中，认为正确的请在题后括号内画“√”，错误的画“×”）

1. 餐饮产品的成本为所耗用的主料成本、配料成本与调味品成本之和。(　　)

2. 先总后分法，就是先求出每批餐饮产品所耗用的各种原材料的总成本，然后再求出其每一单位产品的平均成本的方法。(　　)

3. 先分后总法，就是根据餐饮产品所耗用的各种原材料，逐一计算出每种原材料的成本，然后进行加总从而求得单位产品总成本的方法。(　　)

4. 先总后分法适用于计算面点产品的成本。(　　)

5. 先分后总法适用于计算菜肴制品的成本。(　　)

6. 按厨房实际领用的原材料计算产品成本的方法适用于设备条件比较简陋的小型餐饮企业。(　　)

7. “以存计耗”、倒求成本的方法适用于条件较好的实行领料制度的餐饮企业。(　　)

8. 产品成本即是制作成本。(　　)

9. 菜点的成本是指生产过程中的全部耗费之和。(　　)

10. 成本核算一般采用“以存计耗”，倒求成本的方法。(　　)

五、计算题

1. 制作鲜肉蒸饺50份，售价75元。其耗用材料及单价如下：精面粉2.5千克，单价5元/千克；腿肉1千克，单价20元/千克；麻油0.15千克，单价30元/千克；瓜菜酌量计3元；姜、葱等调味品计5元。试求每份鲜肉蒸饺的成本。

2. 某菜肴用4种原材料制作而成。其中A原料的净料3.5千克，净料率70%，毛料进货单价为4.8元/千克；B原料2千克，单价为4元/千克；C原料净料0.9千克，净料率45%，毛料进货单价为3.6元/千克；D原料0.15千克，净料率50%，进货单价为1.2元/千克。共出产品8份。试求该菜肴的总成本和单位成本。

3. 某点心部门制作豆沙馅，耗用原材料及其价格如下：红小豆1000克，单价4元/千克；糖1500克，单价4.5元/千克；猪油200克，单价8元/千克。经热加工后，得到豆沙馅2500克。若用此馅制作豆沙包，每个豆沙包馅重30克，试求豆沙馅的总成本以及每个豆沙包馅的成本是多少。

学习笔记

4．制作一盘红烩牛肉，耗用原料为：牛肉0.5千克，单价48元/千克；土豆0.25千克，单价2元/千克；食用油0.05千克，单价20元/千克；洋葱0.15千克，单价2元/千克；番茄酱0.04千克，单价8元/千克；香叶、红椒粉、面酱、盐、胡椒粉等共计1.5元。求每盘红烩牛肉的成本。

5．珍珠丸子每1000个的用料是：净猪肉15千克，单价20元/千克；糯米2千克，单价4元/千克；鱼蓉0.5千克，单价40元/千克；鸡蛋20个，单价0.5元/个；小葱1千克，单价2.2元/千克；味精0.05千克，单价12元/千克；胡椒粉0.02千克，单价50元/千克；盐、生抽等调料适量作价3元。试计算每个珍珠丸子的成本是多少。若一盘装20个珍珠丸子，其每盘的成本又是多少。

6．某酒店厨房本月营业额261540元，该厨房对本月原料消耗情况进行月末盘点，结果剩余12500元原料成本。已知该厨房本月共领用原料成本136000元，上月末结存原料成本15200元。该厨房本月实际消耗原料成本为多少？实际成本率为多少？

7．某餐饮企业的厨房，2012年7月全月营业额为367520元，标准成本率为48%。有关餐饮成本资料如下：月初仓库结存原料成本额为58860元，厨房原料结存额为19885元，全月仓库采购原料和厨房直接购入原料分别为108954元、96450元，全月职工工作餐耗用原料费为9245元，全月招待业务用餐耗用原料费为17850元，7月31日对仓库和厨房结存原料进行盘点，盘存结果分别为56142元、21980元。试根据上述资料编制该厨房2012年7月份的成本报表。

六、简答题

1．餐饮产品的成本核算的方法有哪两种？各适用于什么类型产品？

2．面食产品的成本如何核算？

3．菜肴制品的成本如何核算？

4．如何编制餐饮产品成本的日报表和月报表？

模块 5

餐饮产品的价格核算

◎ 学习目标

1. 了解餐饮产品价格的构成，掌握毛利与利润的关系
2. 了解成本毛利率和销售毛利率的含义，掌握成本毛利率和销售毛利率的计算方法
3. 了解毛利率与价格的关系，掌握餐饮产品毛利率的确定方法
4. 了解综合毛利率和分类毛利率的关系
5. 掌握餐饮产品价格的计算方法、餐饮产品毛利率的换算，并能正确熟练地运用于实际生产管理工作中
6. 了解餐饮产品价格调整的方法

价格是商品价值的货币表现，核实餐饮产品的价格是餐饮企业进行成本核算的主要环节和最终目的。餐饮产品价格核算，直接关系到餐饮企业的经营目标和经营决策，因此，给餐饮产品定价就显得十分重要。

学习笔记

项目一　餐饮产品价格的构成

一、餐饮产品价格的构成

任何企业的生产经营都是为了在弥补成本和经营管理费用的基础上，获取一定的利润，餐饮企业也不例外。即：

营业收入＝成本+毛利

＝成本+经营管理费用+利润

而产品价格直接成为了企业的现实收入，因此：

产品价格＝产品成本+毛利

＝产品成本+经营管理费用+利润

产品成本：指产品所耗用的原材料成本，即主料成本、配料成本和调味品成本的总和。

经营管理费用：指餐饮企业在生产经营过程中发生的各项开支，如水电费、燃料费、运输费、折旧费、租赁费、修缮费、家具用具摊销费、办公费、职工工资、奖金等。

利润：是指营业收入扣除产品成本、经营管理费用后的余额，是反映企业经营成果好坏的重要指标。即：

利润＝营业收入-产品成本-经营管理费用＝毛利-经营管理费用

产品成本和价格确定以后，企业能否获得利润，就要看其毛利是否大于经营管理费用。凡毛利大于经营管理费用，企业就会有盈利；反之，企业就会出现亏损。

【例5-1】东方酒店中餐厅今年8月份的经营情况如下：

营业收入8500000元

营业成本4500000元

经营管理费用2100000元

试求该中餐厅8月份的毛利额和利润额。

解：①计算毛利额

学习笔记

毛利＝营业收入–营业成本＝8500000–4500000＝4000000（元）

② 计算利润额

利润＝毛利–经营管理费用

＝4000000–2100000

＝1900000（元）

答：该中餐厅8月份的毛利额为4000000元，利润额为1900000元。

二、利润率和毛利率

（一）利润率

利润率是利润与产品成本或销售价格的比率。它分为成本利润率和销售利润率两种。

成本利润率是利润与产品成本的比率。它体现了利润与产品成本的关系。其计算公式为：

$$\text{成本利润率} = \frac{\text{利润}}{\text{产品成本}} \times 100\%$$

销售利润率是利润与产品销售价格的比率。它体现了利润与产品销售价格的关系。其计算公式为：

$$\text{销售利润率} = \frac{\text{利润}}{\text{产品销售价格}} \times 100\%$$

【例5–2】某酒店第一季度营业额为280000元，产品成本共计120000元，经营管理费用70000元。求该酒店第一季度的成本利润率是多少？销售利润率是多少？

解：由公式 利润＝营业收入–产品成本–经营管理费用 得：

酒店第一季度的利润＝280000–120000–70000＝90000（元）

$$\text{成本利润率} = \frac{\text{利润}}{\text{产品成本}} \times 100\% = \frac{90000}{120000} \times 100\% = 75\%$$

$$\text{销售利润率} = \frac{\text{利润}}{\text{产品销售价格}} \times 100\% = \frac{90000}{280000} \times 100\% \approx 32.14\%$$

答：该酒店第一季度的成本利润率是75%，销售利润率是32.14%。

利润率适合于企业对某一时期内利润率的核算，不适合于单一产品的核算。利润率对于企业的利润目标管理、原材料成本、经营管理费用的控制具有现实意义。

学习笔记

（二）毛利率

毛利率是毛利与产品成本或销售价格的比率。它分为成本毛利率和销售毛利率两种。

成本毛利率是毛利与产品成本的比率。它体现了毛利与产品成本的关系。其计算公式为：

$$成本毛利率=\frac{毛利}{产品成本}\times 100\%$$

销售毛利率是毛利与产品销售价格的比率。它体现了毛利与产品销售价格的关系。其计算公式为：

$$销售毛利率=\frac{毛利}{产品销售价格}\times 100\%$$

【例5-3】某饭店一份快餐盒饭的原材料成本为12元。若该盒饭的销售价格为16元，则该盒饭的成本毛利率是多少？销售毛利率又是多少？

解：毛利=产品销售价格-产品成本=16-12=4（元）

$$成本毛利率=\frac{毛利}{产品成本}\times 100\%=\frac{4}{12}\times 100\%\approx 33.33\%$$

$$销售毛利率=\frac{毛利}{产品销售价格}\times 100\%=\frac{4}{16}\times 100\%=25\%$$

答：该盒饭的成本毛利率是33.33%，销售毛利率是25%。

无论是成本毛利率还是销售毛利率都反映了餐饮产品的毛利率情况。但在现实中，使用较多的是销售毛利率。

学习笔记

项目二 餐饮产品的毛利率

一、毛利率与价格的关系

毛利率是毛利与产品成本或销售价格的比率。产品价格的制定和企业利润的控制是以销售毛利率来核算的。它不但在一定程度上反映着产品的利润水平，还直接决定着产品的价格水平，决定着企业的盈亏，关系着消费者的切身利益。在产品成本一定的情况下，毛利率越高，价格也越高，企业获得的利润也越多；反之，毛利率越低，价格也越低，企业获得的利润也越少。所以，合理地制定餐饮产品的价格，除必须精确核算产品成本外，还必须正确地确定餐饮产品的毛利率水平，只有这样才能适应市场需求，提高企业竞争能力，促进企业发展。

二、综合毛利率和分类毛利率

在实际工作运用中，餐饮业的毛利率分为综合毛利率和分类毛利率两类。

（一）综合毛利率

综合毛利率是指某一地区或某一等级、某一类型餐饮企业的平均毛利率。它是按照一定地区或某一类型餐饮企业的毛利总额和销售总额相比来计算的，也就是毛利总额占销售总额的百分比。用公式表示为：

$$\text{综合毛利率}=\frac{\text{销售总额}-\text{产品成本总额}}{\text{销售总额}}\times 100\%$$

综合毛利率是由各级物价管理部门核定的，是掌握和控制不同地区、不同餐饮企业在某一时期内销售价格总水平是否符合物价政策，是否符合市场物价水平的综合指标，也是检查企业经营方向的重要尺度。

学习笔记

（二）分类毛利率

分类毛利率是指某一地区或某一等级、某一类型餐饮企业的各类餐饮产品的毛利率。它是按照餐饮产品的不同类型分类核算的，如面制品类、普通菜肴类、高档菜肴类等。它们的毛利率水平是不同的，应分类确定毛利率。餐饮产品毛利率的确定，可根据各级物价管理部门制定的物价政策，结合本企业的档次、经营水平来制定。其计算公式为：

$$分类毛利率=\frac{本类餐饮产品销售额-本类餐饮产品成本额}{本类餐饮产品销售额}\times 100\%$$

综合毛利率和分类毛利率是相互联系、相互制约的。分类毛利率是综合毛利率形成的基础，综合毛利率控制着分类毛利率。综合毛利率是整个餐饮企业的经营目标，而分类毛利率则是餐饮企业各生产部门的指标。只有各生产部门完成分类毛利率的指标，才能确保整个餐饮企业综合毛利率指标的完成。

三、确定餐饮产品毛利率的原则

根据餐饮企业经营的特点，餐饮产品的价格是通过毛利率来控制和体现的。总的讲应遵循“合理、稳定、按质论价、分级定价、优质优价、时菜时价”的原则。在确定餐饮产品毛利率时，应考虑以下几个方面的因素。

（1）用料情况。用料精细、食材稀缺的菜点，毛利率应高些；食材质地一般、货源充足的大众化食品，毛利率可以适当低些。

（2）餐饮企业的档次。技术力量强、设施设备条件好、服务项目全面、档次高的餐饮企业，毛利率要比一般的餐饮企业高些。

（3）经营特色。富有特色的风味名菜、名点，毛利率可比一般菜点的毛利率高些。

（4）加工制作的复杂程度。加工制作过程复杂、耗工耗时的菜点，毛利率要比一般大众化菜点高些。

（5）原材料成本价值。原材料成本价值低、起售点小的产品，毛利率可适当高些；反之，毛利率可适当低些。

此外，毛利率的确定还应考虑餐饮企业的经营规模、客源量等因素。

一般情况下，餐饮企业将大众化餐饮产品的毛利率定在35%～40%；将热炒、冷菜的毛利率定在40%～50%；将特色风味菜肴和高档宴席定在

50%～60%。宾馆、饭店的装饰条件和服务设施的差异也是制定毛利率的依据。环境幽雅、装修富丽堂皇、服务设施齐备、服务功能齐全的星级宾馆、饭店，经营管理费用大，毛利率必须定得高些，其综合毛利率可控制在50%～55%；中档宾馆、饭店，服务设施和服务功能不及星级宾馆、饭店，经营管理费用相对小些，毛利率可定得低些，其综合毛利率可控制在45%～50%；一般饭店，经营管理费用较小，毛利率应定得低些，做到薄利多销，其综合毛利率可控制在40%～45%。

学习笔记

学习笔记

项目三　餐饮产品的价格计算

在精确核算了餐饮产品的成本和合理确定了餐饮产品的毛利率后，就能计算出餐饮产品的价格。通常情况下，餐饮企业采用成本毛利率法和销售毛利率法来计算餐饮产品的价格。

一、成本毛利率法

成本毛利率法，是根据餐饮产品的成本和成本毛利率来计算餐饮产品价格的方法。这种方法在餐饮行业中也称为“外加法”。

其计算公式的推导过程为：

设：P 代表餐饮产品价格，C代表产品成本，M代表毛利，R_C代表成本毛利率。

我们知道，成本毛利率就是毛利与成本的比值，即：

$$R_C=\frac{M}{C} \tag{5-1}$$

将式（5–1）变形为：

$$M=C\times R_C \tag{5-2}$$

又因为餐饮产品价格等于产品成本加毛利，即：

$$P=C+M \tag{5-3}$$

将式（5–2）代入式（5–3）得：

$$P=C+M=C+C\times R_C=C(1+R_C)$$

即：餐饮产品价格＝产品成本×（1+成本毛利率）

【例5–4】某饭店制作“红烧肉”一份，已知成本为12元，规定此菜的成本毛利率为60%，试问这份“红烧肉”的售价是多少。

解：由公式$P=C(1+R_C)$得：

售价＝12×（1+60%）＝19.2（元）

答：这份红烧肉的售价为19.2元。

学习笔记

【例5-5】某酒店制作爆炒腰花一份，用净猪腰0.2千克，单位成本为30元/千克，耗用配料1.8元，调味品共计1.2元。若此菜的成本毛利率为80%，试求该爆炒腰花的售价是多少元。

解：①计算产品成本：

总成本C＝主料成本+配料成本+调味品成本

＝30×0.2+1.8 +1.2

＝9（元）

②计算产品的售价：

爆炒腰花售价$P=C(1+R_C)$

＝9×（1+80%）

＝16.2（元）

答：爆炒腰花的售价为16.2元。

从以上举例可以看出，用成本毛利率法计算餐饮产品的价格，简单明了，易于掌握，直接体现了成本与毛利的关系。厨房工作人员多采用此法。由于成本毛利率不能反映产品销售总额中毛利所占的比重，不便于分析财务成果，所以餐饮企业财务人员一般不采用此法。

成本毛利率法还可以用来计算餐饮产品的成本。

【例5-6】已知一盘菜肴的销售价格是28.8元，该菜肴的成本毛利率为80%。试求该菜肴的成本是多少。

解：将公式$P=C(1+R_C)$变形得：

$$C=\frac{P}{1+R_C}=\frac{28.8}{1+80\%}=16（元）$$

答：该菜肴的成本为16元。

二、销售毛利率法

销售毛利率法，是根据餐饮产品的成本和销售毛利率来计算餐饮产品价格的方法。这种方法在餐饮行业中也称为“内扣法”。

其计算公式的推导过程为：

设：P代表餐饮产品价格，C代表产品成本，M代表毛利，R_p代表销售毛利率。

我们知道，销售毛利率就是毛利与销售价格的比值，即：

学习笔记

$$R_p=\frac{M}{P} \quad (5\text{–}4)$$

将式（5–4）变形为：

$$M=P\times R_P \quad (5\text{–}5)$$

又因为餐饮产品价格等于产品成本加毛利，即：

$$P=C+M \quad (5\text{–}6)$$

将式（5–5）代入式（5–6）得：

$$P=C+M=C+P\times R_P \quad (5\text{–}7)$$

将式（5–7）整理后得：

$$P=\frac{C}{1-R_P}$$

即：
$$\text{餐饮产品价格}=\frac{\text{产品成本}}{1-\text{销售毛利率}}$$

【例5–7】已知某饭店制作一盘红烧鱼的成本是13.2元，规定此菜的销售毛利率为45%，试求这盘菜的售价是多少元。

解：由公式 $P=\frac{C}{1-R_P}$ 得：

$$\text{售价}=\frac{13.2}{1-45\%}=24（元）$$

答：这盘红烧鱼的售价为24元。

从以上举例可以看出，用销售毛利率法计算餐饮产品的价格，毛利在销售额中所占的比重一目了然，有利于财务核算管理，因而被餐饮业普遍采用。

利用销售毛利率法还可以用来计算餐饮产品的成本。

【例5–8】已知一盘菜肴的销售价格是20元，该菜肴的销售毛利率是45%。求该菜肴的成本。

解：将公式 $P=\frac{C}{1-R_P}$ 变形得：

$$C=P（1-R_P）=20\times（1-45\%）=11（元）$$

答：该菜肴的成本是11元。

【例5–9】肉丝芹菜一份，售价为8元，若此菜的销售毛利率为45%，耗用的原材料如下：净芹菜150克，毛料进货单价为2.1元/千克，已知芹菜的净料率为70%；葱、姜、油、盐、味精等调味品作价0.35元，如果里脊肉的进货单价为18元/千克，试求此菜中应配肉丝的重量是多少。

解：①根据公式$C=P(1-R_P)$得：

肉丝芹菜的成本＝8×（1−45%）＝4.4（元）

②根据公式 $净料单位成本=\frac{毛料进货单价}{净料率}$ 得：

$净芹菜的单位成本=\frac{2.1}{70\%}=3$（元/千克）

150克净芹菜的成本＝3×0.15＝0.45（元）

③根据公式 单件饮食产品的总成本＝主料成本+配料成本+调味品成本 得：

肉丝的成本＝4.4−0.45−0.35＝3.6（元）

$所配肉丝的重量=\frac{3.6}{18}=0.2$（千克）

答：此菜中应配肉丝的重量为0.2千克。

学习笔记

学习笔记

项目四　餐饮产品毛利率之间的换算

一、毛利率的换算公式

从上一节用销售毛利率和成本毛利率计算餐饮产品价格的方法来看，二者各有优缺点；但从分析财务成果上看，销售毛利率法优于成本毛利率法。因为财务会计中的各项指标，如利润率、资金周转率等，都是以销售额为基数计算的，这和销售毛利率的计算口径是一致的。

如果用成本毛利率计算的话，上述公式就不适用。因为成本毛利率是以成本为基数计算的，这对于分析、检查和编制计划来说都很不方便。

但从计算销售价格上看，成本毛利率却比销售毛利率简便。因为，成本毛利率是用外加法，即：售价＝成本×（1+成本毛利率），故成本毛利率又称外加毛利率。而销售毛利率是用内扣法，即：售价＝成本÷（1-销售毛利率），故销售毛利率又称内扣毛利率。在实际工作中，餐饮产品生产人员，特别是厨房生产人员大都习惯用外加法，为了解决这个矛盾，计算销售价格时，经常把内扣毛利率换算成外加毛利率。

在实际的成本核算和成本管理工作中，两种计价方法都各有所用。为了便于计算销售价格，可以把销售毛利率换算成成本毛利率，也可把成本毛利率换算成销售毛利率。其换算公式的推导过程为：

根据两种毛利率计算价格的公式：

$$餐饮产品价格=\frac{产品成本}{1-销售毛利率}=\frac{C}{1-R_P} \tag{5-8}$$

$$餐饮产品价格=产品成本\times（1+成本毛利率）=C（1+R_C） \tag{5-9}$$

假设式（5-8）、式（5-9）中的产品成本相等，销售价格也相等，则：

$$\frac{C}{1-R_P}=C（1+R_C） \tag{5-10}$$

将式（5-10）两边同时约去产品成本C得：

学习笔记

$$\frac{1}{1-R_P}=1+R_C \quad (5\text{–}11)$$

将式（5–11）整理后得：

$$R_C=\frac{R_P}{1-R_P}$$

即：

$$成本毛利率=\frac{销售毛利率}{1-销售毛利率}$$

$$R_P=\frac{R_C}{1+R_C}$$

即：

$$销售毛利率=\frac{成本毛利率}{1+成本毛利率}$$

二、毛利率换算的应用举例

【例5–10】已知“滑炒虾仁”的成本毛利率为85%，试计算销售毛利率是多少。

解：$销售毛利率=\frac{成本毛利率}{1+成本毛利率}=\frac{85\%}{1+85\%}\approx 45.95\%$

答：销售毛利率约为45.95%。

【例5–11】某饭店供应的“腰果虾仁”，销售毛利率为40%，试计算成本毛利率是多少。

解：$成本毛利率=\frac{销售毛利率}{1-销售毛利率}=\frac{40\%}{1-40\%}\approx 66.67\%$

答：成本毛利率约为66.67%。

为了方便计算销售价格，现附部分“毛利率换算对照表”（表5–1）。

表 5–1　毛利率换算对照表

销售毛利率 /%	成本毛利率 /%	销售毛利率 /%	成本毛利率 /%	销售毛利率 /%	成本毛利率 /%
21	26.58	26	35.13	31	44.93
22	28.21	27	36.99	32	47.06
23	29.87	28	38.89	33	49.25
24	31.58	29	40.85	34	51.52
25	33.33	30	42.86	35	53.85

学习笔记

续表

销售毛利率/%	成本毛利率/%	销售毛利率/%	成本毛利率/%	销售毛利率/%	成本毛利率/%
36	56.25	48	92.31	60	150.00
37	58.73	49	96.08	61	156.41
38	61.29	50	100.00	62	163.16
39	63.93	51	104.08	63	170.27
40	66.67	52	108.33	64	177.78
41	69.49	53	112.77	65	185.71
42	72.41	54	117.39	66	194.18
43	75.44	55	122.22	67	203.03
44	78.57	56	127.27	68	212.50
45	81.82	57	132.56	69	222.58
46	85.19	58	138.10	70	233.33
47	88.68	59	143.90	75	300.00

学习笔记

项目五　餐饮产品价格的制定与调整

一、餐饮产品价格的制定原则

餐饮产品定价是否合理，直接影响产品的销售和利润目标的实现，关系到餐饮企业在市场经营竞争中的地位。因此，必须切实遵循餐饮产品定价的基本原则。

（一）价格要反映产品的价值

餐饮产品的价格是消费者判断其价值的主要依据。高价位产品应具有较高的消费价值和使用价值，除了应包括高品质的食品原材料和精湛的技术外，还应有热情周到的服务、优雅舒适的用餐环境和先进的设施设备。总之，要使产品的价格与产品的这些价值构成水准相称，让消费者感到质价相符、物有所值。

（二）价格必须适应市场需求

价格要体现企业的经营战略和经营方针，要适应目标市场消费者的消费水平。定价过高，超出消费者的承受能力，或“价非所值”，必然会引起消费者的不满，从而降低消费水平，减少消费量，或者另觅他处，企业也就难以实现经营目标。尤其是在买方市场的条件下，这种情况是普遍存在的。

（三）价格的灵活性与稳定性相结合

餐饮产品定价应根据市场供求关系的变化，灵活应用浮动价、季节价以及优惠价。例如，社会声誉好、名望高的餐饮企业或名优餐饮产品，其价格可以高些；旺季可以比淡季价格高些；地理位置好的餐饮企业可以比地理位置差的价格高些。但是，餐饮产品价格也不宜过于频繁变动，要有相对的稳定性，否则会失去消费者的信任，挫伤其消费的积极性。

学习笔记

（四）严格执行国家的物价政策

要根据有关的物价政策，制定餐饮产品的价格，在规定的范围内确定本企业的毛利率。餐饮产品价格的制定要贯彻按质论价、分等论价、时菜时价的原则，以合理成本加上合理毛利来确定餐饮产品价格。

二、餐饮产品价格的调整

餐饮产品价格制定后，还应随着社会劳动生产率的提高和市场供需关系的变化，根据其复杂性、灵活性、时令性、季节性等特点，进行必要的调整。对餐饮产品价格进行调整，一方面使餐饮产品品种优胜劣汰，保持对消费者的吸引力；另一方面使餐饮产品价格更趋于合理。

餐饮产品价格的调整，直接关系到国家、企业和消费者的利益，是一件十分细致复杂的工作。

（一）餐饮产品价格调整的技巧

（1）看准时机。即要有一定的预见性，也就是在调价时机成熟时，及时做出调价的决策。

（2）分析实力。主要包括分析企业的生产经营和服务接待能力以及管理水平、产品质量、企业声誉等。只有将市场需求变化与本企业的实际情况结合起来，调整价格才具有坚实的基础。

（3）以经济政策为依据。在看准时机、分析实力的基础上，是否调价、怎样调价，还必须以国家经济政策为依据，制定具体的调价方案，呈报物价主管部门和餐饮业行政主管部门审核备案。

（二）餐饮产品价格调整的方法

在具体的调价方法上，应根据影响餐饮产品价格调整的各种因素进行，但主要有以下几种方法。

1. 综合比例法

这种方法一般适用于餐饮业的政策性调价。它往往是在国家经济政策、物价政策发生变动时采用。因此，这种价格调整具有一定的综合性、普遍性，而且这种方法是以原定价格为基数，由物价部门和餐饮业行政主管部门

学习笔记

提出调价的幅度，企业按要求进行价格调整。其计算公式为：

新调价格＝原定价格+原定价格×调价百分比

【例5-12】某酒店自助餐标准为28元/位，因受原材料市场价格上涨等因素的影响，企业经过核算，决定将价格上调10%，新调价格应是多少？

解：根据公式：新调价格＝原定价格+原定价格×调价百分比

$$=28+28\times10\%$$

$$=30.8\text{（元）}$$

答：新调价格应为30.8元。

2. 成本比例法

成本比例法是适用于原材料成本上升，需要调整价格时的一种方法。一般是根据市场农副产品价格和主要消费品比价变动情况，分析成本提高幅度，在国家物价政策许可的范围内进行调价。其计算公式为：

$$\text{新调价格}=\frac{\text{原产品成本+新增成本}}{\text{1-销售毛利率}}$$

【例5-13】某饭店糖醋排骨的原定价格为24元/份，原材料成本为12元。因市场原材料价格上涨，每份原材料成本上涨2.6元，要达到原销售毛利率指标，应将价格上调到多少元？

解：① 原产品的销售毛利率＝$\frac{\text{售价-成本}}{\text{售价}}\times100\%$

$$=\frac{24-12}{24}\times100\%$$

$$=50\%$$

② 新调价格＝$\frac{\text{原产品成本+新增成本}}{\text{1-销售毛利率}}=\frac{12+2.6}{1-50\%}=29.2$（元）

③ 分析：菜单的价格应为整数。根据计算结果29.2元，价格调至29元还是30元，可根据饭店的销售情况及分类毛利率指标综合考虑决定。

答：应将价格上调至29.2元。

3. 销售人员意见法

销售人员意见法一般是在市场供求关系发生变化，如季节变化、时令变化等，需要调整部分餐饮产品价格时使用的一种方法。其方法是由主管人员召集服务销售人员开会，分析市场状况和顾客反映，找出那些价格偏低供不

学习笔记

应求或价格偏高无人问津的部分产品或服务项目，分析具体原因，让大家充分发表意见，然后确定需要调价的品种或项目，确定调价幅度，进行价格调整。销售人员提出的意见和建议要有根有据，收集资料，用数据说话，做到实事求是、客观准确。各种信息应及时做好记录，按时做好统计、分析。通过统计分析，可以反映各种餐饮产品的销售情况和趋势，了解其受欢迎的程度，以便安排生产或适当调整价格。数据统计可分日报、周报、旬报、半月报和月报等时段进行汇总、分析。目前，计算机已运用于企业各方面的业务管理，利用计算机进行餐饮销售统计工作，可使之更加快捷、及时、准确。

4. 喜爱程度法

餐饮产品花色品种繁多，顾客对各种产品的喜爱程度不同。餐饮业可利用特色品种、特色风味、价廉物美等优势吸引顾客前来消费，保持生意兴隆。餐饮业要通过分析顾客对餐饮产品的喜爱程度，了解企业的生产经营情况和价格的合理程度，进行适度调价。喜爱程度法是以历史统计资料为依据，计算出顾客对各种有能力支付的餐饮产品的喜爱程度。喜爱程度高，说明产品质量好、价格合理。如果喜爱程度很高，而且总是供不应求，就可以适当提高价格。反之，则应适当调低价格。喜爱程度计算公式为：

$$\text{喜爱程度}=\frac{\text{某种产品的销售总份数}}{\text{用餐顾客总数}}\times 100\%$$

学习笔记

检查评价

内容回顾

本模块介绍了餐饮产品价格的构成。餐饮产品的价格是由产品成本、经营管理费用和利润三部分构成的。由于餐饮产品的毛利是由经营管理费用和利润两部分构成的，所以也可以说餐饮产品的价格是由产品成本和毛利两部分构成的。本模块还介绍了毛利与利润、毛利率与利润率的关系。毛利率是确定和计算餐饮产品价格的基本因素，可分为成本毛利率和销售毛利率两种形式。相同类的单个产品毛利率构成分类毛利率。分类毛利率是构成综合毛利率的基础，而综合毛利率是企业经营效果的反映。我们只有切实理解成本毛利率和销售毛利率的含义及其换算关系，才能正确核算餐饮产品的价格，确保整个餐饮企业综合毛利率指标的完成。

强化演练

一、填空题（请将正确答案填入题内横线上）

1. 餐饮产品价格是由________、________、________三部分组成的。其中后两部分合并在一起形成________。

2. 利润率分为________和________两种。

3. 成本利润率是________与________的比率。销售利润率是________与________的比率。

4. 毛利率分为________和________两种。

5. 成本毛利率是________与________的比率。销售毛利率是________与________的比率。

6. 餐饮业的毛利率分为________毛利率和________毛利率两类。

7. 餐饮产品的价格是通过________来控制和体现的。

学习笔记

8. 计算餐饮产品价格的方法有________和________。

9. 餐饮产品价格调整的技巧是________、________、________。

10. 餐饮产品价格调整的方法有________、________、________、________。

二、单项选择题（每小题的四个备选答案中只有一个是正确的，请将正确答案的编号填入括号内）

1. 餐饮产品价格是由产品成本和（　）两部分组成的。

A. 经营管理费用　　B. 营业税金

C. 利润　　D. 毛利

2. 毛利额等于（　）。

A. 价格与税金的和　　B. 价格与原料成本的差

C. 价格与经营管理费用的和　　D. 价格与利润的差

3. 餐饮业中常见的菜点定价方法有“随行就市”法、系数定价法和（　）。

A. 损耗率法　　B. 净料率法

C. 量本利综合分析法　　D. 毛利率法

4. 成本毛利率是毛利与（　）的比率。

A. 产品成本　B. 销售成本　C. 销售价格　D. 经营管理费用

5. 销售毛利率是毛利与（　）的比率。

A. 产品成本　B. 销售成本　C. 销售价格　D. 经营管理费用

6. 在产品成本一定的情况下，毛利率越高，价格（　）。

A. 越高　B. 越低　C. 不变　D. 无法确定

7. 在菜点销售价格和耗料一致的情况下，销售毛利率与（　）存在换算关系。

A. 损耗率　B. 出材率　C. 成本率　D. 成本毛利率

8. 档次一般的餐饮企业，其综合毛利率可控制在（　）之间。

A. 35%～40%　　B. 40%～45%

C. 45%～50%　　D. 50%～55%

9. 中档的餐饮企业，其综合毛利率可控制在（　）之间。

A. 35%～40%　　B. 40%～45%

C. 45%～50%　　D. 50%～55%

学习笔记

10. 档次高的餐饮企业，其综合毛利率可控制在（　）之间。

A. 40% ~ 45%　　B. 45% ~ 50%

C. 50% ~ 55%　　D. 55% ~ 60%

11. 系数定价法是以（　）为出发点的定价方法。

A. 利润　B. 成本　C. 费用　D. 税金

三、多项选择题（每小题的备选答案中有两个或两个以上是正确的，请将正确答案的编号填入括号内）

1. 餐饮产品价格是由（　　）组成的。

A. 生产成本　B. 经营管理费用

C. 税金　D. 利润

2. 毛利是由（　　）组成的。

A. 生产成本　B. 经营管理费用

C. 税金　D. 利润

3. 餐饮产品成本是由（　　）组成的。

A. 主料成本　B. 配料成本　C. 调味品成本

D. 燃料成本　E. 销售成本

4. 下列以产品价格作为分母计算的指标是（　　）。

A. 成本毛利率　B. 销售毛利率

C. 成本利润率　D. 销售利润率

5. 下列以产品成本作为分母计算的指标是（　　）。

A. 成本毛利率　B. 销售毛利率

C. 成本利润率　D. 销售利润率

6. 确定餐饮产品毛利率应考虑的因素有（　　）。

A. 餐饮企业的档次　B. 经营特色　C. 用料情况

D. 原材料成本价值高低　E. 加工制作的复杂程度

7. 餐饮产品的定价原则是（　　）。

A. 严格执行国家的物价政策

B. 价格必须适应市场需求

C. 价格的灵活性与稳定性相结合

D. 价格要以产品的成本为基础

E. 价格要反映产品的价值

学习笔记

8. 餐饮产品价格调整的技巧是（　　）。

A. 看准时机　B. 调查研究　C. 分析实力

D. 以经济政策为依据　E. 组织实施

9. 餐饮产品价格调整的方法有（　　）。

A. 销售人员意见法　B. 成本比例法

C. 喜爱程度法　D. 统计分析法

E. 综合比例法

四、判断题（下列表述中，认为正确的请在题后括号内画“√”，错误的画“×”）

1. 餐饮产品价格是由产品成本和毛利构成的。（　）
2. 把经营管理费用、利润合并在一起形成“毛利”。（　）
3. 利润率是利润与产品成本的比率。（　）
4. 利润率是利润与销售价格的比率。（　）
5. 毛利率是毛利与产品成本的比率。（　）
6. 毛利率是毛利与销售价格的比率。（　）
7. 分类毛利率是综合毛利率形成的基础；分类毛利率控制着综合毛利率。（　）
8. 在产品成本一定的情况下，毛利率越高，价格就越低。（　）
9. 成本毛利率法又称“内扣法”。（　）
10. 销售毛利率法又称“外加法”。（　）
11. 成本毛利率又称为成本率。（　）
12. 在任何情况下，成本毛利率与销售毛利率都存在换算关系。（　）
13. 确定定价目标的目的是使客人接受产品价格。（　）
14. 以毛利率为基数的定价方法称毛利率法。（　）

五、计算题

1. “银芽炒鸡丝”一盘，成本为26元，成本毛利率为60%。这盘“银芽炒鸡丝”的售价是多少？

2. “白切鸡”一份，售价为25元，销售毛利率为45%。这份“白切鸡”

的成本是多少？

学习笔记

3. “白灼基围虾”一份，成本为50元，销售毛利率为42%。这份“白灼基围虾”的售价是多少？

4. 制作“酥炸排骨”一份，用料如下：排骨400克，单价22元/千克；生粉100克，单价1.5元/千克；净鸡蛋40克，单价10元/千克；糖醋150克，单价4元/千克；生油100克，单价25元/千克；盐、蒜蓉、椒米等调味品作价0.5元。若销售毛利率为45%，其售价是多少？若成本毛利率为95%，其售价是多少？

5. 某酒店酒席标准是500元/桌，若该酒店的销售毛利率为44%。问该酒席的成本应是多少？销售毛利额是多少？

6. 制作“爆腰花”一份，用净猪腰200克，鲜猪腰进货单价为21元/千克，净料率为75%；耗用配料1.5元；耗用调味品2元。若销售毛利率为48%，则这份“爆腰花”的售价是多少？

7. 炒虾仁一份，用料标准如下：鲜虾仁250克，单价36元/千克；青豆100克，单价6元/千克；淀粉10克，单价2.5元/千克；花生油70克，单价25元/千克；鸡蛋清1个，作价0.4元；盐、味精、葱、姜汁等调味品作价0.3元。若此菜成本毛利率为70%，试求一份炒虾仁的销售价格是多少元。

8. 制作“冬笋里脊”一份，用料如下：猪里脊200克，单价30元/千克；冬笋150克，单价4元/千克；熟猪油75克，单价16元/千克；鸡蛋1个，单价0.5元；淀粉、味精、盐等调味品成本为0.4元。若销售毛利率为45%，试计算这份“冬笋里脊”的销售价格。

9. 某餐厅制作榨菜肉丝一份，售价为18元，销售毛利率为55%。耗用原材料如下：净榨菜100克，净料单位成本为7元/千克；调味品成本为0.65元；若肉丝的净料单位成本为22.5元/千克，试求榨菜肉丝中的肉丝重量应是多少千克。

10. 某单位购进黄花鱼100千克，单价48元/千克，现用此鱼制作干烧一盘，销售价格为82元。已知在总成本中黄花鱼占90%，其他为调配料成本，确定此菜的销售毛利率为55%，问这盘干烧鱼所用的黄花鱼是多少千克？（黄花鱼的净料率为85%）

11. 某酒店制作“莲蓉甘露酥”，用料如下：低筋面粉500克，单价5.2元/千克；白糖275克，单价4.5元/千克；猪油250克，单价16元/千克；净鸡蛋100克，单价10元/千克；发粉10克，作价0.2元；莲蓉650克，单价22元/千克。若甘露酥皮每个重30克，莲蓉馅按甘露酥皮的数量平均计算，销售毛利

学习笔记

率为40%。试求每个莲蓉甘露酥的售价。

12．50%的销售毛利率换算成成本毛利率是多少？

50%的成本毛利率换算成销售毛利率是多少？

13．计划生产千层糕200块，每块售价0.5元，核定其销售毛利率为37%，试问其投料成本应为多少元。现实际耗用面粉5.2千克，单价3.6元/千克；白糖5.5千克，单价4.5元/千克；板油1.8千克，单价10元/千克；熟猪油500克，单价16元/千克；制成千层糕246块，试问实际的销售毛利率是多少。

14．已知制作京酱肉丝耗用原材料成本为15.2元，成本毛利率为90%，试求该菜肴的销售毛利率是多少。用两种方法计算它的销售价格是多少。

六、简答题

1．餐饮产品的价格是由哪几部分构成的？毛利和利润有何区别？

2．什么是分类毛利率？什么是综合毛利率？它们对餐饮企业的经营管理有何意义？

3．什么是成本毛利率？其计算公式是什么？

4．什么是销售毛利率？其计算公式是什么？

5．毛利率与产品价格有何关系？毛利率是如何确定的？

6．计算餐饮产品价格的方法有哪些？各有何优点？

7．成本毛利率和销售毛利率的关系是怎样的？

8．餐饮产品价格的定价原则有哪些？

9．餐饮产品价格的调整可采用哪些方法？

模块6

宴席成本核算

◎ 学习目标

1. 了解宴席的菜点组合和配菜等内容
2. 掌握宴席成本核算的一般方法

学习笔记

项目一　宴席概述

我国的宴席丰富多彩，款式万千，但它不是菜点的简单拼凑，而是经过精选而组合起来的综合整体。宴席不仅要求每一道菜点色艳味美，鲜香可口，而且要求整体菜点色彩各异，风味多样，营养丰富，从而使整个宴席显得丰富多彩，赏心悦目。

一、宴席的定义

宴席，又称筵席、燕饮、会饮、饮筵、酒筵等，它是人们为社交需要，根据接待规格和礼仪程序而精心编排的一整套菜点。因此，它又被称为菜点的组合艺术。宴席是一种高级的饮筵形式，与日常的就餐有着明显的区别。宴席具有聚餐式、规格化和社交性的特征，是烹调工艺水平的集中反映，是餐饮文明的表现形式。

二、宴席的菜点组合

宴席是按一定规格、要求、程序安排的综合菜点，具有一定的格式，如餐桌的摆设、客人的座次排列等都有明确的规定，而且要求菜点在荤素、干湿、咸甜、粗细搭配等方面合理，制作方法多种多样。宴席款式丰富多彩，原料上，通常需要由鲜果、干果、冷菜、大菜、热炒菜、甜菜、点心、饭菜、茶、酒、饮料等构成。

（一）冷菜

冷菜习惯上称冷盘，又称冷碟、冷荤、冷盆、冷拼或花碟、独拼、看盘等。冷盘内容按宴席的等级不同可繁可简。用于宴席上的冷菜，可用什锦拼盘或四个独盘、四双拼、四三拼；也可采用一个花色彩盘，再配上4个、6个或7～8个不等的小围碟；也有的采用对镶冷盘。总之，冷盘的多少和菜

学习笔记

品质地的高低都是按宴席的规格不断变化的。烹制常用热制冷吃和冷制冷吃两种，烹调技法有卤、熏、拌、炝、腌、酥、酿、白煮、挂霜、冷冻、烤炸等，要求质精形美、小巧玲珑，其荤素配比以2∶1为宜。冷菜烹制，以食用为主，但要求色香味美，可看可吃。

（二）大菜

大菜即宴席的主菜，也称行菜、正菜。它是由整只、整块、整条、整盘的原料烹制而成，装在大盘、大汤盆或大窝浅平盘中上席的菜肴，是宴席的台柱。按照宴席的规格不同，大菜多为5～8道，也有10道、20道乃至更多的道数。一般由头菜、烤菜或炸菜、二汤、各荤素大菜、座汤组成，用烧、烤、蒸、炸、炖、焖、扒、熏、氽、脆、熘、熟、炒、叉烧等多种烹制方法制作。头菜即是大菜中的首菜，常用山珍海味和名蔬佳果配制最好的菜品，率先上席。它要求香酥、爽脆、鲜嫩、肥美，在质量上超过所有菜品，统帅全席。烤菜或炸菜、二汤紧随头菜，用料精致珍贵，往往可与头菜媲美，一来助兴喝酒，二来清口解腻。各荤菜大菜紧随头菜，映衬头菜。座汤上于大菜的末尾，要求质量好、工艺高，或清澈如水，或浓酽似奶，或肥润，或香鲜。

（三）热炒菜

热炒菜又叫“行件”，根据宴席档次高低，通常分为四独炒、四双拼炒、四三镶拼炒。一般要求采用煎、炒、爆、熘、炸、烹、煸、贴、烩或滑炒、爆炒、干炒等多种烹调方法制作，现制现食，快速上席。一热三鲜，热炒菜多系“炝火菜”。尤其四双拼炒和四三镶拼炒，在手艺上显功夫，一次拼成，干净利落，以色香味美、鲜香爽口、精细清淡为佳。通过量小精巧的烹制，以达到热炒菜的口味和外形多样化的要求。

（四）甜菜

甜菜一般采用蜜汁、拔丝、煸炒、冷冻、煨炖、蒸酿等多种方法烹饪而成，趁热上席。在夏季也可供冷食。甜菜在宴席中所占的比重较小，一般是1道，最多2～3道。原料多为果蔬，变化可用菌类或肉、蛋等，可干可稀。

（五）点心

点心随大菜、汤品或饭菜入席，可分上，也可齐上。在宴席中常用糯米

学习笔记

团、面、粉、饼、饺、酥、卷、角、片、饭、粥、羹等品种。采用的种类与成品的精粗取决于宴席规格的高低。

此外，除了上述五组菜点外，有些规格较高的宴席还有饭菜、果品及茗茶。

三、宴席的配菜

同一原料，有等级之分，精粗之别；一盘菜所需的原料多少，虽有明确的标准，但实际工作中可变性大。如果投料过量，餐饮企业就会赔本，这不符合经营原则；反之，就会使消费者吃亏，同样不符合经营原则。配菜是掌握成本、进行经济核算、实行公平合理经营的一个关键环节。

配菜是原料经刀工处理后，进入菜肴烹制操作前的一个环节，它支配和制约菜肴的具体烹调，但也受制于宴席的总体设计。其任务是通过配菜这一环节，保证宴席总体设计的实现。所以，配菜厨师必须准确、全面地领会宴席设计的思路。具体配菜时应考虑以下因素。

（一）宴席的档次

配菜者必须了解宴席的菜金数额，以便确定投料的数量与原料的等级。

（二）宴席的人数

投料的多少除了受菜金制约外，也与用餐人数密切相关，尤其是一些定量性的菜肴，更需要准确掌握用餐人数。例如，“酿金鲤虾”，是以人计件，如入席11人只摆10件，就有1人吃不到，从而引起顾客的不快。这种情况常出现在将要开宴或刚开宴时，突然增加人数而配菜厨师未觉察。因此，配菜者要及时与餐厅沟通信息。

（三）宴席菜肴的总体搭配

包括咸与甜，盘菜与汤菜，各种营养成分，色、香、味、形等的搭配与安排，以便通过个别去体现总体。味型搭配合理是宴席风味的核心。同时，一桌宴席的荤素搭配也应合理，而且荤菜的鸡、鸭、鱼、猪、牛、羊、海鲜的配置应该呈现多样化的格局，素菜中的豆腐、菇笋菌类、鲜蔬菜品，也要品种多样。这样不仅能使营养均衡，而且能为顾客食用增添情趣。

学习笔记

四、宴席菜点的配置比例

宴席菜点的配置目前尚无统一的规格标准，在配置菜点时应根据宾客的爱好和要求，从宴请的人数、时令季节和市场供应的情况以及本企业的烹饪技术力量等方面考虑适当地变换和增减菜点。配菜时要注意冷菜、大菜、热炒菜、甜菜、点心、水果等的成本在整个宴席成本中的比重，以保持整个宴席中各类菜点质量的均衡，要防止冷菜过好、热菜太差或者冷菜太差、热菜过好等不平衡的现象出现。

中餐宴席各类菜点配置比例参考如表6-1所示。

表 6-1 中餐宴席各类菜点配置比例参考表

宴席类别	冷菜比重 /%	热炒菜比重 /%	大菜比重 /%	点心、水果比重 /%
普通宴席	10	20	60	10
中档宴席	12	20	55	13
高档宴席	15	20	50	15
特高档宴席	15	20	50	15

五、宴席菜点的配置原则

配置宴席菜点必须根据宴席的不同规格，在菜点的品类、选料、口味、色泽、质感、烹调技法和造型等方面进行恰当地配合，使之成为一席完美的佳肴。

（一）因人配菜

制定菜单前必须了解宾客的国籍、民族、宗教、生活习惯、饮食嗜好、忌讳等，以及客人设宴的目的、宴请的时间、人数、地点，以便根据不同的情况，有针对性地选择菜品。

（二）因价配菜

即根据宴席的规格确定菜点的数量和质量。

1. 宴席菜点的数量要足

一桌宴席菜点的道数最好在12~20道。需要注意的是，菜点道数少的宴席，每道菜点的量要多些；而菜点道数多的宴席，每道菜点的量应少

学习笔记

些。每道菜点的具体用料量一般以12道菜点一桌来估算，即冷菜用料的总量在1000～1500克；热炒菜每道用料量在300～400克；大菜每道用料量在750～1250克。总之，要求每位参宴者平均能吃到500克左右的净料。

2. 宴席菜点应按价论质

宴席菜点的质量要根据宴席规格的高低来决定。在保证菜点有足够数量的前提下，规格高的宴席，应安排名贵菜品和时令菜式，在菜品中可以只用主料，不用或少用辅料；反之，规格低的宴席，可安排材质较为一般的菜品和普通菜式，在菜品中可以适当减少主料而增加辅料用量。但无论哪种情况，都应做到精料精制，粗料细作，各种菜点合理配套。高档宴席应与名菜相配，一般宴席应与大众化菜品相配。

（三）色、香、味、形、器相配合

宴席菜点的原材料要多样化，尽可能不重复使用同一种原材料，使人产生菜点丰富的感觉。烹调方法和口味要多种多样，热炒菜和大菜必须采用不同的烹调方法进行烹制，使每一道菜都有不同风味。菜肴的色泽、形状要绚丽多姿，菜与菜之间的色调、形状要配合协调，互相衬托，使人有美的感受。盛器要符合菜肴色彩、形态上的要求，对菜肴起烘托映衬的作用。

（四）因时配菜

要根据季节变化配置菜点，并配置富有地方特色的名菜、名点。

学习笔记

项目二 宴席成本的核算

宴席成本是由原材料费用构成的，属于实际耗用的主料、配料、调料均应列入宴席的成本。对于生产和销售过程中的各种耗费，如工资、水电、燃料费、管理费等则作为费用开支，不计入宴席成本。在掌握了餐饮产品成本核算的方法后，只要将组成宴席的各种产品的成本相加，其总值即为宴席的成本。在学习了前面知识的基础上，这种核算是较易掌握的。此外，由于在实际经营中，宴席往往是由消费者预订的，这就需要根据预订的标准，先核算出宴席的成本总值，再依各类组合菜点所占宴席成本总值的比重，核算出各类菜点成本，最后根据各类组合菜点的成本确定出每道菜点的成本。

一、中餐宴席成本的核算

宴席是餐饮经营的最高档次，宴席客人的消费需求较高，主要体现在环境与场景、社交与礼遇、菜点与酒水、服务与享受等方面。宴席的特点是客人享受成分高、菜点毛利率高、企业经营利润大。在餐饮行业中，宴席成本的计算有两种形式。

（一）标准宴席的成本计算

这种计算形式是在掌握单一餐饮产品成本核算方法后，将组成宴席的各种菜点的原材料成本相加，所得总值即为该宴席的成本。其计算公式为：

宴席成本＝菜点①成本+菜点②成本+…+菜点ⓝ成本

【例6-1】普通宴席一桌，计有四个冷盘、四个热炒、五个大菜、一道点心、一道甜汤。各菜点的成本为：白鸡9.2元，香肠6.8元，皮蛋5.4元，黄瓜1.8元，爆墨鱼卷16.8元，爆腰花16元，炸三丝卷14.4元，熘鱼片15.8元，海参鹑蛋38.2元，酿冬菇14.4元，香酥鸡22.6元，清蒸武昌鱼31.6元，橘瓣鱼丸汤18.4元，佛手包5元，银耳果羹13.6元。试计算该桌宴席的成本为多少元。

学习笔记

解：该桌宴席成本＝9.2+6.8+5.4+1.8+16.8+16+14.4+15.8+38.2+14.4+22.6+31.6+18.4+5+13.6＝230（元）

答：该桌宴席的成本为230元。

【例6–2】某宴席有4种点心。其中A点心，主料成本12元，辅料成本8元；B点心，用面粉500克，单价2.4元/千克，黄油100克，单价28元/千克，其他辅料成本为4元；C点心，用熟苹果馅300克，已知苹果进货单价为5元/千克，熟品率为60%，其他原料成本共计8.5元；D点心，原料总成本为20元。试求此宴席的点心成本。

解：① 分别求出各种点心的原料成本：

A点心成本＝12+8＝20（元）

B点心成本＝2.4×0.5+28×0.1+4＝8（元）

$$\text{C点心成本}=5\times\frac{0.3}{60\%}+8.5=11\text{（元）}$$

D点心成本＝20（元）

② 求宴席点心总成本：

宴席点心总成本＝20+8+11+20＝59（元）

答：此宴席的点心成本为59元。

（二）预订宴席的成本计算

对于消费者预订宴席的成本核算，应按照预订宴席的规格要求、费用标准、参加宴会人数、宴会时间、结算方式及相应的成本率等，计算宴席的成本、各类菜点的成本及各道菜肴的成本。具体核算步骤如下。

第一步，根据宴席的规格要求和费用标准及规定的成本率，计算出宴席总成本和单位成本。

宴席总成本＝宴席总售价×成本率＝宴席总售价×（1–销售毛利率）

$$\text{宴席单位成本}=\frac{\text{宴席总成本}}{\text{宴席桌数}}=\text{每桌宴席售价}\times\text{（1–销售毛利率）}$$

第二步，根据宴席成本及等级（普通、中等、高等、特等）和各类菜点成本所占的比重，计算各类菜点的总成本和单位成本。

某类菜点总成本＝宴席单位成本×该类菜点所占的比重

$$\text{某类菜点单位成本}=\frac{\text{该类菜点总成本}}{\text{宴席桌数}}$$

学习笔记

第三步，确定每桌宴席的菜点品种和个数，并分别计算出各个品种的成本。

各菜点品种的成本之和应与宴席总成本相一致。

【例6-3】某消费者预订普通宴席20桌，售价500元，销售毛利率为40%。4冷盘、4热炒、6大菜、2点心和1果盘，其成本分别占10%、20%、60%、10%。试计算该宴席的成本和各类菜点的成本。

解：第一步，按规定的销售毛利率计算该宴席的总成本和单位成本。

① 该宴席总售价＝20×500＝10000（元）

② 该宴席总成本＝10000×（1-40%）＝6000（元）

③ 该宴席单位成本＝6000÷20＝300（元）

第二步，根据宴席成本和宴席各类菜点所占的比重，计算各类菜点的总成本和单位成本。

① 冷盘总成本＝6000×10%＝600（元）

冷盘单位成本＝600÷20＝30（元）

② 热炒总成本＝6000×20%＝1200（元）

热炒单位成本＝1200÷20＝60（元）

③ 大菜总成本＝6000×60%＝3600（元）

大菜单位成本＝3600÷20＝180（元）

④ 点心果盘总成本＝6000×10%＝600（元）

点心果盘单位成本＝600÷20＝30（元）

第三步，在分类菜点成本的基础上，按各类菜肴所应有的件数，进一步核定各种菜点的成本。

冷盘每桌成本30元，其中：

冷盘① 成本8.2元、冷盘② 成本7.6元、冷盘③ 成本8元、冷盘④ 成本6.2元。

热炒每桌成本60元，其中：

热炒① 成本13.5元、热炒② 成本16.3元、热炒③ 成本16.2元、热炒④ 成本14元。

大菜每桌成本180元，其中：

大菜① 成本39.5元、大菜② 成本37.2元、大菜③ 成本31.1元、大菜④ 成本32.4元、大菜⑤ 成本19.7元、汤品成本20.1元。

点心果盘每桌30元，其中：

点心① 成本11.6元、点心② 成本9.2元、果盘成本9.2元。

学习笔记

【例6-4】在某大型宴席销售活动中，计划销售价格标准是150元/人，接待客人总数是120人，规定执行的销售毛利率是60%。试求投入的原材料成本应是多少元。

解：原材料成本＝产品总销售额×（1-销售毛利率）

＝150×120×（1-60%）

＝7200（元）

答：投入的原材料成本应是7200元。

二、西餐宴席成本的核算

西餐，有冷餐会、酒会、宴会等多种形式。西餐宴席成本的核算方法与中餐宴席成本的核算程序和方法基本上是一致的，只是其等级标准不是按每席的费用来划分，而是按参加宴会的每位宾客的费用来划分。另外，由于中外饮食习惯不同，所以宴席的菜点结构类别也不尽相同，成本构成比重也有较大差异。一般西餐宴席的菜点分为：① 面包、黄油、小吃；② 冷菜；③ 汤菜；④ 热菜；⑤ 点心；⑥ 水果；⑦ 饮料等。其成本结构一般是面包与小吃约占10%，冷菜占15%，汤菜、热菜占60%，点心、水果、饮料等占15%左右。

【例6-5】某公司为宴请外商举办冷餐酒会，每人200元，预计35人参加，成本率为40%。试问该酒会成本应为多少元。

解：先根据每人收费标准和参加人数计算销售额，再按规定的成本率即可核定该酒会的成本额。

该酒会成本＝200×35×40%＝2800（元）

答：该酒会成本应为2800元。

学习笔记

项目三 传统宴席成本的核算

一、传统宴席概述

传统宴席包括国家庆典宴席、外交请酬国宴、省区庆典嘉宴、婚嫁喜宴、年节迎宾喜宴、庆祝诞辰喜宴、新房进火喜宴、开业酬宾喜宴、入学升迁喜宴、奠基剪彩喜宴、庆功洗尘喜宴、接风告别喜宴、丧事酬宾白宴等。

按售价分，传统宴席又可分为普通宴席、中档宴席、高档宴席、特高档宴席几个层次。宴席的分档没有统一规定，经济发达地区和经济欠发达地区的分档会不同，就目前经济发达地区划分档次而言，一般按如下宴席售价划分：售价400～600元一席的称为普通宴席；售价600～2000元一席的称为中档宴席；售价2000～4000元一席的称为高档宴席；售价在4000元以上的称为特高档宴席。

二、传统宴席成本的核算

传统宴席可以先确定整桌宴席的成本，然后再安排菜肴、点心品种，成本核算可以运用“先总后分法”，也可以运用“先分后总法”进行核算。即可以将确定的整桌宴席成本分解到各个品种成本中去；也可以将各个品种成本逐一相加，求得成本总额。

但是，每个品种要根据所用原料的质量和数量来确定单位成本，而不是直接求平均成本，而且要使全部菜点单位成本之和控制在总成本之内。

根据组成宴席各种菜点的成本，计算宴席成本。其计算公式为：

单桌宴席成本＝菜点①成本+菜点②成本+…+菜点ⓝ成本

整批宴席成本＝单桌宴席成本×桌数

学习笔记

三、普通宴席核算实例

现有客人预订30桌普通宴席，销售毛利率为40%，内含10菜、2汤、2主食、2小碟、1果盘。请仔细研读实例菜单（表6–2）菜肴设计，并计算出每桌成本、每桌售价、30桌总成本和30桌总售价。

表6–2　普通宴席菜单实例

金额单位：元

种类	品名	主配料	烹调方法	味型	形状	成本	销售毛利率/%	售价
冷菜	碧绿贡菜	贡菜	炒法	咸鲜	条形	2.4	40	4
	五香花生米	花生米	炸法	香	粒	2.4	40	4
	丹凤朝阳	鸡	浸法	咸鲜	整形	16.8	40	28
大菜	新春欢喜	蛋、肉	炸法	咸香	条形	12.0	40	20
	荷叶蒸鸭	鸭	蒸法	咸鲜	整形	16.8	40	28
	荔芋扣肉	五花肉、芋头	蒸扣	郁香	圆形	16.8	40	28
	冬菇丸子	冬菇、丸子	蒸扣	咸鲜	圆形	13.8	40	23
	五柳全鱼	草鱼	脆熘	酸甜	整条	15.0	40	25
热炒菜	灯笼鱿鱼	鱿鱼	炒法	咸鲜	卷形	15.6	40	26
	烹鲜花蟹	蟹	烹	咸鲜	整形	18.0	40	30
	清炒韭黄	韭黄	清炒	咸鲜	段	4.8	40	8
	肉末瓜皮	瓜皮干	炒	咸鲜	片	7.2	40	12
汤羹类	枸杞炖鸽	鸽	炖法	咸鲜	整形	12.0	40	20
	菠萝甜露	菠萝	煮法	清甜	羹	9.0	40	15
主食	鸳鸯馒头	面粉	蒸法	清甜	馒头形	4.8	40	8
	三鲜炒粉	米粉	炒法	咸鲜	无形	6.0	40	10
水果	时鲜果盘	水果	拼法	香甜	瓜果形	9.6	40	16
合计						183		305

解：每桌成本＝2.4+2.4+16.8+12+16.8+16.8+13.8+15+15.6+18+4.8+7.2+12+9+4.8+6+9.6＝183（元）

30桌总成本＝183×30＝5490（元）

每桌售价＝4+4+28+20+28+28+23+25+26+30+8+12+20+15+8+10+16＝305（元）

学习笔记

或：$每桌售价=\frac{每桌成本}{1-销售毛利率}=\frac{183}{1-40\%}=305$（元）

30桌总售价=305×30=9150（元）

答：每桌成本是183元，每桌售价是305元，30桌总成本是5490元，30桌总售价是9150元。

四、中档宴席核算实例

现有客人预订50桌中档宴席，销售毛利率为50%，内含8菜、2汤、2点心、3小碟、1果盘。请仔细研读实例菜单（表6-3）菜肴设计，并计算出每桌成本、每桌售价、50桌总成本和50桌总售价。

表 6-3　　中档宴席菜单实例

金额单位：元

种类	品名	主配料	烹调方法	味型	形状	成本	销售毛利率 /%	售价
冷菜	香酥松子仁	松子	炸	香	粒	8	50	16
	变味香腊肠	肉	腊蒸	香甜	条片	8	50	16
	凉拌海蜇皮	海蜇	凉拌	酸辣	片形	20	50	40
大菜	香麻手撕鸡	鸡	浸法	咸鲜	整形	40	50	80
	酥炸小鹌鹑	鹌鹑	炸法	酥香	件形	30	50	60
	八珍酿全鸡	鸡	蒸酿	咸鲜	整形	80	50	160
	清蒸鲳鱼	鲳鱼	蒸	咸鲜	条形	80	50	160
	红烧石斑鱼	石斑鱼	红烧	咸鲜	条条	90	50	180
	腰果炒虾仁	腰果、虾仁	炒法	咸鲜香	丁状	30	50	60
	凤汁炒韭黄	韭黄	炒法	咸鲜	段形	8	50	16
	酸辣禾花鱼	禾花鱼	炸煲	酸辣	条形	16	50	32
汤羹类	水鱼炖凤翅	水鱼、鸡翅	炖法	咸鲜	件	80	50	160
	银耳冰糖露	银耳	煮法	甜	露状	14	50	28
主食	澄面金鱼饺	澄面	蒸法	咸鲜	条形	8	50	16
	清汤银丝面	面条	煮法	咸鲜	丝状	8	50	16
水果	新鲜瓜果盘	瓜果	拼摆	香甜	瓜果形	10	50	20
	合计					530		1060

解：每桌成本=8+8+20+40+30+80+80+90+30+8+16+80+14+8+8+10=530（元）

学习笔记

50桌总成本＝530×50＝26500（元）

每桌售价＝16+16+40+80+60+160+160+180+60+16+32+160+28+16+16+20

＝1060（元）

或：每桌售价＝$\frac{每桌成本}{1-销售毛利率}$＝$\frac{530}{1-50\%}$＝1060（元）

50桌总售价＝1060×50＝53000（元）

答：每桌成本530元，每桌售价1060元，50桌总成本26500元，50桌总售价53000元。

五、高档宴席核算实例

现有客人预订20桌高档宴席，销售毛利率为50%，内含11菜、2汤、2小碟、1点心、1果盘。请仔细研读实例菜单（表6-4）菜肴设计，并计算出每桌成本、每桌售价、20桌总成本和20桌总售价。

表 6-4　　高档宴席菜单实例

金额单位：元

种类	品名	主配料	烹调方法	味型	形状	成本	销售毛利率/%	售价
冷菜	大鹏展翅飞	卤菜	烤	香甜	象形	50	50	100
	干香松子仁	松子	烘烤	清香	粒	20	50	40
	蚝油浸全鸡	鸡	浸法	咸香	整形	100	50	200
大菜	挂炉生皮鹅	鹅	烤法	酥香	全鹅	100	50	200
	纸包石鸡腿	石鸡	纸包炸	咸鲜	件形	100	50	200
	糖醋雄狮鱼	草鱼	脆熘	咸鲜	鱼形	150	50	300
	麻辣鸵鸟肉	鸵鸟	炒	咸鲜	片形	150	50	300
	嫩姜焖鹿肉	鹿肉	焖	咸鲜	块状	150	50	300
热炒菜	三鲜烩竹荪	三鲜、竹荪	烩	咸鲜	片形	150	50	300
	红扒猴头菇	猴头菇	红扒	咸鲜	片形	140	50	280
	素炒野韭菜	野韭菜	炒	清香	段形	30	50	60
	酸辣全鲈鱼	鲈鱼	炸法	酸辣	条形	90	50	180
	蚝油焖甜笋	甜笋	焖法	咸鲜	片	30	50	60
汤羹类	水鱼鹧鸪汤	水鱼、鹧鸪	炖法	咸鲜	件	100	50	200
	冰糖银耳露	银耳	煮	甜	露状	30	50	60
点心	凉冻马蹄糕	马蹄粉	蒸法	甜	棱形	20	50	40

学习笔记

续表

种类	品名	主配料	烹调方法	味型	形状	成本	销售毛利率/%	售价
水果	新鲜瓜果盘	瓜果	雕刻拼摆	香甜	瓜果形	40	50	80
合计						1450		2900

解：每桌成本＝50+20+100+100+100+150+150+150+150+140+30+90+30+100+30+20+40＝1450（元）

20桌总成本＝1450×20＝29000（元）

每桌售价＝100+40+200+200+200+300+300+300+300+280+60+180+60+200+60+40+80＝2900（元）

或：每桌售价＝$\frac{每桌成本}{1-销售毛利率}$＝$\frac{1450}{1-50\%}$＝2900（元）

20桌总售价＝2900×20＝58000（元）

答：每桌成本1450元，每桌售价2900元，20桌总成本29000元，20桌总售价58000元。

六、特高档宴席核算实例

现有客人预订20桌特高档宴席，销售毛利率为50%，内含10菜、2汤、2小碟、1主食、1点心、1果盘。请仔细研读实例菜单（表6-5）菜肴设计，并计算出每桌成本、每桌售价、20桌总成本和20桌总售价。

表6-5 特高档宴席菜单实例

金额单位：元

种类	品名	主配料	烹调方法	味型	形状	成本	销售毛利率/%	售价
冷菜	酥香松子仁	松子	烤法	滑香	粒	30	50	60
	金华玉树鸡	鸡	浸法	咸香	整形	50	50	100
	宏图大拼盘	卤菜	卤法	郁香	象形	400	50	800
大菜	光皮全乳猪	乳猪	烤法	甜香	全猪	300	50	600
	挂炉生皮鹅	鹅	烤法	酥香	全鹅	280	50	560
	凤翅扣裙边	鸡翅、水鱼	蒸酿	咸鲜	圆形	400	50	800
	鸡蓉酿海参	海参、鸡皮	红扣	郁香	参状	400	50	800
	糖醋熘鳜鱼	鳜鱼	酸熘	酸甜	条形	500	50	1000

学习笔记

续表

种类	品名	主配料	烹调方法	味型	形状	成本	销售毛利率/%	售价
热炒菜	蚝油扒鲍鱼	鲍鱼	扒法	咸鲜	鲍鱼状	400	50	800
	凤舌猴头菇	猴头菇	蒸扣	咸鲜	圆形	400	50	800
	三鲜烩鱼肚	鱼肚	烩法	咸鲜	羹形	500	50	1000
	香油炒竹笋	竹笋	炒法	咸鲜	条形	60	50	120
汤羹类	甲鱼乌鸡汤	甲鱼、乌鸡	煨法	咸鲜	块状	500	50	1000
	鸡丝澳龙羹	鸡丝、澳龙	烩法	咸鲜	丝状	500	50	1000
点心	青青艾叶粑	糯米粉、艾叶	蒸法	香甜	圆状	50	50	100
主食	八宝竹筒饭	八宝料糯米	蒸法	咸香	粒	50	50	100
水果	新鲜瓜果盘	瓜果	雕刻拼摆	香甜	瓜果形	80	50	160
	合计					4900		9800

解：每桌成本＝30+50+400+300+280+400+400+500+400+400+500+60+500+500+50+50+80＝4900（元）

20桌总成本＝4900×20＝98000（元）

每桌售价＝60+100+800+600+560+800+800+1000+800+800+1000+120+1000+1000+100+100+160＝9800（元）

或：$每桌售价=\frac{每桌成本}{1-销售毛利率}=\frac{4900}{1-50\%}=9800$（元）

20桌总售价＝9800×20＝196000（元）

答：每桌成本4900元，每桌售价9800元，20桌总成本98000元，20桌总售价196000元。

学习笔记

项目四　酒会宴席成本的核算

一、酒会宴席成本核算的方法

酒会宴席多为团体预订餐，餐饮业接待的有旅游团体、访问团体、会议团体、商务团体、办事团体等，有一般接待规格的团体，有高接待规格的团体，有临时接待的团体和连续一段时间接待的团体等。所以，必须根据团体的接待规格或就餐标准进行成本核算，按成本价安排好团体就餐的菜肴食谱。酒会宴席是以每位宾客的餐标进行成本核算的，学会和掌握酒会宴席成本核算具有现实意义。

酒会宴席成本核算的方法如下。

首先，根据酒会的档次、要求，确定每人的餐标，然后乘以人数（一般以10人计）计算出单桌餐标成本。

其次，根据求得的单桌餐标成本，确定酒会宴席各餐饮产品品种成本。

最后，将计算得到的单个产品成本相加倒推验算是否与单桌餐标成本的数额相等。酒会宴席成本核算的公式为：

单桌餐标成本＝每人餐标 × 10

单桌产品总成本＝产品① 成本+产品② 成本+…+产品ⓝ成本

二、会议宴席核算实例

现有客人预订30桌会议宴席，每桌10人，每人用餐标准35.5元，销售毛利率为30%，内含6菜、2汤、2点心、1主食。请仔细研读实例菜单（表6–6）菜肴设计，并计算出每桌成本、每桌售价、30桌总成本和30桌总售价。

学习笔记

表 6-6　　会议宴席菜单实例

金额单位：元

种类	品名	主配料	烹调方法	味型	形状	成本	销售毛利率/%	售价
冷菜	烤卤菜拼盘	烤卤菜	烤卤法	郁香	象形	54.6	30	78
大菜类	油淋脆皮鸡	鸡	炸法	咸鲜香	整形	63.0	30	90
热炒菜	嫩姜焖仔鸭	鸭	焖法	咸鲜	块状	49.0	30	70
	吉庆金玉满堂	玉米、肉丁	炒法	咸鲜	粒状	35.0	30	50
	清炒白菜花	菜花	炒法	咸鲜	块状	14.0	30	20
	酸辣干鱼仔	干鱼	炒法	酸辣	件	52.5	30	75
汤羹类	猪脚花生汤	猪脚、花生	煨法	咸鲜	块粒	42.0	30	60
	甜酒菠萝露	菠萝	煮法	甜香	丁形	21.0	30	30
点心	花卷	面粉	蒸法	本味	圆形	7.0	30	10
	馒头	面粉	蒸法	本味	圆形	3.5	30	5
主食	干饭、稀饭	大米	煮法	本味	粒	14.0	30	20
	合计					355.6		508

解：每桌餐标成本＝每人餐标×10＝35.5×10＝355（元）

每桌产品总成本＝各单个产品成本之和＝54.6+63+49+35+14+52.5+42+21+7+3.5+14＝355.6（元）

检验得，每桌产品成本与每桌餐标成本基本相符。

30桌总成本＝355.6×30＝10668（元）

$$每桌售价=\frac{每人餐标\times 10}{1-销售毛利率}=\frac{35.5\times 10}{1-30\%}=507（元）（与508元接近）$$

30桌总售价＝508×30＝15240（元）

答：每桌成本355.6元，每桌售价508元，30桌总成本10668元，30桌总售价15240元。

三、商务宴席核算实例

现有客人预订50桌商务宴席，每桌10人，每人用餐标准39元，销售毛利率为30%，内含8菜、2汤、1点心、1主食、4小碟、1果盘。请仔细研读实例菜单（表6-7）菜肴设计，并计算出每桌成本、每桌售价、50桌总成本、50桌总售价。

学习笔记

表 6-7 商务宴席菜单实例

金额单位：元

种类	品名	主配料	烹调方法	味型	形状	成本	销售毛利率/%	售价
冷菜	荤素四小碟	荤、素料	烤蒸炒拌	咸鲜酸辣	粒、条、丝、片	21.0	30	30
	大展宏图拼盘	烤卤菜	烤卤	咸鲜	象形	35.0	30	50
大菜类	油淋脆皮鸡	鸡	油淋	咸香	整形	49.0	30	70
	蜜汁烤肥鹅	鹅	烤法	烤香	块状	35.0	30	50
	清蒸花海蟹	海蟹	清蒸	咸鲜	整形	40.6	30	58
	糖醋五柳鱼	章鱼	脆熘	酸甜	整尾	42.0	30	60
热炒菜	利市大发财	蛤蜊	炒法	咸鲜	块状	33.6	30	48
	金钩烩银球	虾、瓜	烩法	咸鲜	段球	40.6	30	58
	香油豌豆苗	豌豆苗	炒法	咸鲜	整形	10.5	30	15
汤羹类	丰收获利汤	玉米、瓜类	煮法	咸鲜	丝块	21.0	30	30
	冰糖银耳露	银耳	煮法	甜香	整形	17.5	30	25
点心	三丝炒米粉	米粉	炒法	咸鲜	丝条	10.5	30	15
主食	清香油米饭	米	煮法	清香	粒	10.5	30	15
水果	新鲜瓜果盘	瓜果	雕刻拼摆	香甜	瓜果形	21.0	30	30
	合计					387.8		554

解：每桌餐标成本＝每人餐标×10＝39×10＝390（元）

每桌产品总成本＝各单个产品成本之和＝21+35+49+35+40.6+42+33.6+40.6+10.5+21+17.5+10.5+10.5+21＝387.8（元）

检验得，每桌产品成本与每桌餐标成本基本相符。

50桌总成本＝387.8×50＝19390（元）

$$每桌售价=\frac{每人餐标\times 10}{1-销售毛利率}=\frac{39\times 10}{1-30\%}=557$$（元）（与554元接近）

50桌总售价＝554×50＝27700（元）

答：每桌成本387.8元，每桌售价554元，50桌总成本19390元，50桌总售价27700元。

四、庆祝宴席核算实例

现有客人预订60桌庆祝宴席，每桌10人，每人用餐标准58.5元，销售毛利率为40%，内含10菜、2汤、1点心、1主食、2小碟、1果盘。请仔细研读

学习笔记

实例菜单（表6–8）菜肴设计，并计算出每桌成本、每桌售价、60桌总成本和60桌总售价。

表 6–8 庆祝宴席菜单实例

金额单位：元

种类	品名	主配料	烹调方法	味型	形状	成本	销售毛利率 /%	售价
冷菜	碧绿脆贡菜	贡菜	炒法	咸鲜	段形	5	40	10
	香甜牛腊粑	牛腊粑	烤法	香甜	片形	15	40	25
	大鹏展翅飞	烤卤菜	烤卤菜	香甜	象形	48	40	80
	金华玉树鸡	鸡	浸法	咸香	整形	48	40	80
大菜类	烤麻皮乳猪	乳猪	烤法	香甜	整形	60	40	100
	拼麒麟鲍脯	鲍鱼	焖拼	咸鲜	麒麟	48	40	80
	西蓝花围玉带	鲜贝	白扒	咸鲜	圆形	39	40	65
	白灼鲜海虾	海虾	灼法	咸鲜	整形	39	40	65
	糖醋雄狮鱼	草鱼	脆熘	咸鲜	鱼形	40.8	40	68
热炒菜	腰果爆鸡丁	鸡丁	爆炒	咸鲜	丁状	30	40	50
	八宝拼青蔬	青菜、菇类	炒法	咸鲜	整形	30	40	50
	香油炒菜胆	菜胆	炒法	咸鲜	整形	15	40	25
汤羹类	鸡丝烩澳龙	鸡丝、澳龙	烩法	咸鲜	丝形	66	40	110
	乾隆一品锅	山珍海味	炖法	咸鲜	片状	60	40	100
点心	凉冻九层糕	马蹄粉	蒸法	甜味	梭形	10.8	40	18
主食	蒸三丝粉浆	米浆、三丝	蒸法	咸鲜	卷形	12	40	20
水果	新鲜瓜果盘	瓜果	雕刻拼摆	香甜	瓜果形	18	40	30
	合计					584.6		976

解：每桌餐标成本＝每人餐标×10＝58.5×10＝585（元）

每桌产品总成本＝各单个产品成本之和＝5+15+48+48+60+48+39+39+40.8+30+30+15+66+60+10.8+12+18＝584.6（元）

检验得，每桌产品成本与每桌餐标成本基本相符。

60桌总成本＝584.6×60＝35076（元）

$$每桌售价=\frac{每人餐标\times 10}{1-销售毛利率}=\frac{58.5\times 10}{1-40\%}=975（元）$$（与976元接近）

60桌总售价＝976×60＝58560（元）

答：每桌成本584.6元，每桌售价976元，60桌总成本35076元，60桌总售价58560元。

学习笔记

项目五 点心宴席成本的核算

一、点心宴席概述

“点心宴席”是指用烹饪原料制成的各种式样的点心（茶点、船点、糕点、面点），按规格程序组成一整桌宴席，供品茶食用。其特点是将点心以宴席的格局和形式上桌，设计十分讲究，一般应是煎、蒸、烤、炸、汤、露、冻等诸般品种俱全，上点心时一般按小点、汤点、正点、甜点、单尾等类型先后上席，序循主次，咸甜有序，徐缓有度。

由于点心多用植物原料，少用动物原料制成，营养成分搭配非常适合人体消化吸收，且以饮茶品尝为主，凸显文雅、科学、实惠。从热情待客、老少皆宜、健康的角度考虑，现代人多有选用点心宴待客的趋势。

点心宴的设计原则是：① 主要品种与衬托品种相结合；② 简单品种与复杂品种相结合；③ 甜咸味品种与复合味品种相结合；④ 有馅品种与无馅品种相结合；⑤ 象形与几何造型品种相结合；⑥ 干点品种与汤点品种相结合；⑦ 不同加温方法的品种相结合；⑧ 多种色彩的品种相结合；⑨ 传统品种与创新品种相结合。

二、点心宴的成本核算方法

点心宴的各品种点心是由不同原料制成的，可以将整桌点心宴的成本划分到各个具体品种中去，也可以将各个具体品种的成本相加计算出整桌的成本。两种方法都可以运用，但需注意各个品种的成本相加之和要控制在整桌点心宴成本之内。其计算公式为：

单桌成本＝品种①成本+品种②成本+…+品种ⓝ成本

学习笔记

三、普通点心宴核算实例

现有客人预订5桌普通点心宴，销售毛利率为40%，内含10道干点心、2道混合点心、1果盘。请仔细研读实例菜单（表6-9）菜肴设计，并计算出每桌成本、每桌售价、5桌总成本和5桌总售价。

表 6-9　　普通点心宴菜单实例

金额单位：元

序号	品名	主配料	烹调方法	味型	形状	成本	销售毛利率/%	售价
1	绿茵玉兔饺	澄面	蒸法	甜味	饺形	15	40	25
2	鲜菇银丝面	面条	煮法	咸鲜	丝状	9.6	40	16
3	雪花凤尾虾	海虾	炸法	咸鲜	金钩形	15	40	25
4	蚝油焗凤爪	鸡爪	焗法	郁香	件形	15	40	25
5	清甜九层糕	马蹄粉	蒸法	甜味	梭形	12	40	20
6	爽翠马蹄糕	马蹄粉	蒸法	甜味	梭形	15	40	25
7	香肠慈姑脯	澄面	蒸法	甜味	圆形	15	40	25
8	炸芝麻软枣	糯米粉	炸法	甜味	圆形	15	40	25
9	蜂巢荔芋角	芋蓉	炸法	甜味	角形	15	40	25
10	蒸三丝粉卷	米浆	蒸法	咸鲜	卷形	9.6	40	16
11	莲蓉海棠果	澄面	蒸法	咸鲜	卷形	15	40	25
12	甜酒菠萝露	菠萝	煮法	清甜	露状	12	40	20
13	新鲜瓜果盘	瓜果	拼摆	香甜	片状	12	40	20
	合计					175.2		292

解：每桌成本＝15+9.6+15+15+12+15+15+15+15+9.6+15+12+12＝175.2（元）

5桌总成本＝175.2×5＝876（元）

$$每桌售价=\frac{每桌成本}{1-销售毛利率}=\frac{175.2}{1-40\%}=292（元）$$

5桌总售价＝292×5＝1460（元）

答：每桌成本175.2元，每桌售价292元，5桌总成本876元，5桌总售价1460元。

四、中档点心宴核算实例

现有客人预订10桌中档点心宴，销售毛利率为50%，内含10道干点心、

2道湿点心、1果盘。请仔细研读实例菜单（表6-10）菜肴设计，并计算出每桌成本、每桌售价、10桌总成本和10桌总售价。

学习笔记

表 6-10　　中档点心宴菜单实例

金额单位：元

序号	品名	主配料	烹调方法	味型	形状	成本	销售毛利率/%	售价
1	荷包蛋寿面	面条、鸡蛋	煮法	咸鲜	丝形	30	50	60
2	虾仁小笼包	虾仁、面粉	蒸法	咸鲜	圆形	20	50	40
3	精面银丝卷	面粉	蒸法	咸鲜	卷状	20	50	40
4	红油棒棒鸡	鸡肉	煮法	麻辣	棒形	30	50	60
5	蜂巢荔芋角	芋蓉	炸法	甜味	角形	20	50	40
6	四喜临门饺	面粉	蒸法	咸香	饺形	20	50	40
7	油炸糯米鸡	糯米粉	炸法	甜香	圆形	30	50	60
8	柚叶艾粑	粑糯、米粉	蒸法	甜香	圆扁形	20	50	40
9	琵琶凤尾虾	虾	炸法	咸鲜	琵琶形	20	50	40
10	五仁叉烧饼	五仁、面粉	烤法	甜香	圆饼形	20	50	40
11	蚝油焗鹌鹑	鹌鹑	焗法	香焦	羹形	20	50	40
12	鲜奶芋蓉羹	芋蓉	煮法	甜香	羹状	20	50	40
13	新鲜瓜果盘	瓜果	拼摆	香甜	片状	20	50	40
	合计					290		580

解：每桌成本＝30+20+20+30+20+20+30+20+20+20+20+20+20＝290（元）

10桌总成本＝290×10＝2900（元）

$$每桌售价=\frac{每桌成本}{1-销售毛利率}=\frac{290}{1-50\%}=580（元）$$

10桌总售价＝580×10＝5800（元）

答：每桌成本290元，每桌售价580元，10桌总成本2900元，10桌总售价5800元。

五、高档点心宴核算实例

现有客人预订8桌高档点心宴，销售毛利率为50%，内含10道干点心、2道湿点心、1果盘。请仔细研读实例菜单（表6-11）菜肴设计，并计算出每桌成本、每桌售价、8桌总成本和8桌总售价。

学习笔记

表 6-11　　高档点心宴菜单实例

金额单位：元

序号	品名	主配料	烹调方法	味型	形状	成本	销售毛利率/%	售价
1	鱼翅小笼包	鱼翅、面粉	蒸法	咸鲜	圆形	60	50	120
2	海参四喜饺	海参、面粉	蒸法	咸鲜	饺状	60	50	120
3	虾仁水煎包	虾仁、面粉	蒸法	咸鲜	圆形	40	50	80
4	鸡汤竹丝面	竹笋、面条	煮法	咸鲜	条状	60	50	120
5	火腿虾仁饼	虾仁、面粉	烤法	香甜	饼形	50	50	100
6	鸽肉三丝卷	鸽肉、面粉	蒸法	咸鲜	卷形	40	50	80
7	腊肠炒切粉	腊肠、面粉	蒸法	咸鲜	片状	40	50	80
8	煎香萝卜糕	萝卜、米浆	蒸法	咸鲜	棱形	20	50	40
9	蚝油焗芦笋	芦笋	焗法	清鲜	条形	20	50	40
10	巧克力蛋糕	巧克力、面粉	烤法	甜香	圆塔	60	50	120
11	桃仁象鼻山	桃仁	拔丝	清甜	山状	40	50	80
12	冰糖银耳羹	银耳、冰糖	煮法	甜	露形	40	50	80
13	新鲜瓜果盘	瓜果	雕刻拼摆	香甜	片状	30	50	60
	合计					560		1120

解：每桌成本＝60+60+40+60+50+40+40+20+20+60+40+40+30＝560（元）

8桌总成本＝560×8＝4480（元）

$$每桌售价=\frac{每桌成本}{1-销售毛利率}=\frac{560}{1-50\%}=1120（元）$$

8桌总售价＝1120×8＝8960（元）

答：每桌成本560元，每桌售价1120元，8桌总成本4480元，8桌总售价8960元。

学习笔记

项目六　饺子宴席成本的核算

一、饺子宴席概述

饺子宴席是用各种原料制成的馅心和各种饺子皮，包馅心后捏成各种形状，运用各种烹制法，调出不同风味的饺子，组合成整桌宴席。饺子是北方人普遍喜欢吃的一种面食，馅有荤有素，佐以调料，食之味美。民间习俗是在春节、元宵节和冬至吃饺子。饺子宴是西安饺子馆和德发长饺子馆在传统基础上发明创新的一种著名风味宴席，现在的饺子宴有108个品种。常见的饺子宴有：二龙戏珠宴、金龙迎宾宴、鸳鸯宴、海鲜宴、鸡鸭宴、贵妃宴、如意宴、三鲜宴、罗汉斋宴等。

饺子宴的特色如下。

（1）打破了一般只用猪、牛、羊肉和蔬菜做馅的传统，鸡、鸭、鱼肉、蛋、海味、山珍、鲜蔬、干菜、果品等，凡好吃且又有营养的材料都可以做馅。

（2）打破了一般以生皮、生馅进行制作然后煮熟的传统，有生馅，但更多地采用了熟馅；馅的制作不只是调味，还采用了烹、炒、煸、爆、炸、熘等方法；有煮饺，但更多地采用了蒸、煎、烤、炸等方式。

（3）打破了单纯咸鲜口味的传统，增加了酸、甜、麻、辣、鱼香、怪味等多种味型。

（4）打破了单一月牙形、角儿形的传统，集烹调技术与造型艺术于一体，制作出花、草、鱼、虫等多种美好逼真的造型。

（5）打破了单纯吃饺子的传统，以饺子为主，冷菜、热菜、饮料也上桌，并且进行巧妙的组合搭配，给不同原料、形状、颜色、口味的饺子以不同的名称，大大增加了宴席的文化色彩和喜庆气氛。

学习笔记

二、迎客饺子宴核算实例

现有客人预订6桌迎客饺子宴，销售毛利率为40%，内含12道饺子和1果盘。请仔细研读实例菜单（表6–12）设计，并计算出每桌成本、每桌售价、6桌总成本和6桌总售价。

表 6–12　　迎客饺子宴菜单实例

金额单位：元

序号	品名	主配料	烹调方法	味型	形状	成本	销售毛利率 /%	售价
1	状元饺	面粉、肉馅	蒸法	咸鲜	元宝形	13.2	40	22
2	双鱼饺	面粉、鱼馅	蒸法	咸鲜	鱼形	12	40	20
3	三鲜饺	面粉、三鲜馅	煮法	咸鲜	饺形	12	40	20
4	玉兔饺	澄面、甜馅	蒸法	咸鲜	兔形	12	40	20
5	虾胶饺	面粉、虾胶	煮法	咸鲜	饺形	15	40	25
6	四喜饺	面粉、荤菜馅	煮法	咸鲜	四口形	18	40	30
7	酥皮胶	面粉、莲蓉	烤法	香甜	饺形	15	40	25
8	鸳鸯饺	面粉、荤菜馅	蒸法	咸鲜	双形	15	40	25
9	寿桃饺	澄面、莲蓉	煮法	香甜	桃形	12	40	20
10	乌龙饺	面粉、海参馅	煮法	咸鲜	饺形	12	40	20
11	五子饺	面粉、五仁馅	蒸法	香甜	饺形	12	40	20
12	太后饺	面粉、鸽肉馅	煮法	咸鲜	馄饨形	18	40	30
13	瓜果盘	瓜果	拼摆	清甜	片状	9	40	15
合计						175.2		292

解：每桌成本＝13.2+12+12+12+15+18+15+15+12+12+12+18+9＝175.2（元）

6桌总成本＝175.2×6＝1051.2（元）

$$每桌售价=\frac{每桌成本}{1-销售毛利率}=\frac{175.2}{1-40\%}=292（元）$$

6桌总售价＝292×6＝1752（元）

答：每桌成本175.2元，每桌售价292元，6桌总成本1051.2元，6桌总售价1752元。

三、祝贺饺子宴核算实例

现有客人预订15桌祝贺饺子宴，销售毛利率为50%，内含12道饺子和1

学习笔记

果盘。请仔细研读实例菜单（表6–13）设计，并计算出每桌成本、每桌售价、15桌总成本和15桌总售价。

表6–13 祝贺饺子宴菜单实例

金额单位：元

序号	品名	主配料	烹调方法	味型	形状	成本	销售毛利率/%	售价
1	一品状元饺	澄面	蒸法	咸鲜	元宝形	30	50	60
2	双色鸳鸯饺	面粉	蒸法	咸鲜	鸟形	20	50	40
3	三鲜虾胶饺	面粉、虾胶	蒸法	咸鲜	饺形	20	50	40
4	四喜临门饺	面粉、荤菜馅	蒸法	咸鲜	四口形	20	50	40
5	五仁登科饺	面粉、五仁馅	蒸法	香甜	饺形	20	50	40
6	绿茵福禄饺	面粉、草莓馅	蒸法	香甜	圆形	20	50	40
7	七星伴月饺	面粉、菠萝蓉	烤法	香甜	月形、圆形	20	50	40
8	八发莲花饺	面粉、莲蓉	烤法	香甜	花形	20	50	40
9	韭菜馅水饺	面粉、韭菜馅	煮法	咸鲜	饺形	20	50	40
10	石榴形蒸饺	澄面、豆蓉馅	蒸法	香甜	石榴状	20	50	40
11	彩蝶迎春饺	面粉	蒸法	咸鲜	蝶状	20	50	40
12	玉帝乾坤饺	面粉	炸法	咸辣	圆圈	30	50	60
13	新鲜瓜果盘	瓜果	拼摆	甜味	片状	25	50	50
	合计					285		570

解：每桌成本＝30+20+20+20+20+20+20+20+20+20+20+30+25＝285（元）

15桌总成本＝285×15＝4275（元）

$$每桌售价=\frac{每桌成本}{1-销售毛利率}=\frac{285}{1-50\%}=570（元）$$

15桌总售价＝570×15＝8550（元）

答：每桌成本285元，每桌售价570元，15桌总成本4275元，15桌总售价8550元。

四、年节饺子宴核算实例

现有客人预订8桌年节饺子宴，销售毛利率为50%，内含12道饺子和1果盘。请仔细研读实例菜单（表6–14）设计，并计算出每桌成本、每桌售价、8桌总成本和8桌总售价。

学习笔记

表 6-14　　年节饺子宴菜单实例

金额单位：元

序号	品名	主配料	烹调方法	味型	形状	成本	销售毛利率 /%	售价
1	大丰团圆饺	面粉、肉馅	煮法	咸鲜	圆形	50	50	100
2	双双幸福饺	澄面、肉馅	蒸法	咸鲜	饺形	40	50	80
3	三元及第饺	澄面、肉馅	煮法	咸鲜	圆形	40	50	80
4	四季平安饺	面粉、肉馅	烤法	咸香	方形	40	50	80
5	五谷丰登饺	面粉	烤法	清香	馒头形	30	50	60
6	六六大顺饺	面粉	蒸法	咸鲜	轮形	30	50	60
7	七巧鸳鸯饺	面粉	烤法	咸鲜	双形	30	50	60
8	八方安定饺	面粉	蒸法	咸鲜	圆形	25	50	50
9	九九重阳饺	澄面	炸法	香甜	圆形	25	50	50
10	十分和谐饺	面粉	蒸法	咸鲜	椭圆形	50	50	100
11	人人健康饺	面粉	蒸法	咸鲜	馒头形	40	50	80
12	欢喜满意饺	澄面	煮法	咸鲜	圆形	40	50	80
13	新鲜瓜果盘	瓜果	拼摆	清甜	块状	30	50	60
	合计					470		940

解：每桌成本＝50+40+40+40+30+30+30+25+25+50+40+40+30＝470（元）

8桌总成本＝470×8＝3760（元）

$$每桌售价=\frac{每桌成本}{1-销售毛利率}=\frac{470}{1-50\%}=940（元）$$

8桌总售价＝940×8＝7520（元）

答：每桌成本470元，每桌售价940元，8桌总成本3760元，8桌总售价7520元。

学习笔记

检查评价

内容回顾

本模块介绍了宴席的概念、宴席的菜点组合、配菜和宴席成本核算的方法，重点介绍了传统宴席、酒会宴席、点心宴席、饺子宴席的成本核算，菜单、食谱的列写，宴席总成本、总售价的计算，并列举实例。要求学会并熟练掌握各种宴席成本的核算方法。

强化演练

一、填空题（请将正确答案填入题内横线上）

1．宴席是人们为________需要，根据________和________而精心编排的________。

2．宴席具有________、________和________的特征，是________的集中反映，是________的表现形式。

3．宴席的菜点组合通常是由________、________、________、________、________等组成。

4．冷菜烹制，以________为主，但要________，可看可吃。

5．配置宴席菜点的原则是________、________、________、________。

6．宴席的配菜应考虑的因素有________、________、________。

7．________是宴席风味的核心。

二、单项选择题（每小题的四个备选答案中只有一个是正确的，请将正确答案的编号填入括号内）

1．宴席的台柱菜是（　）。

A．冷菜　　B．大菜　　C．热炒菜　　D．甜菜

学习笔记

2. 热炒菜又称为（　）。

A. 主菜　B. 行菜　C. 正菜　D. 行件

3. 宴席风味的核心是（　）。

A. 营养成分搭配　B. 味型搭配

C. 色香搭配　D. 形状与器皿搭配

4. 在中餐宴席各类菜点的配置比例中，“热炒菜”一般占（　）。

A. 10%　B. 15%　C. 20%　D. 25%

5. 在中餐宴席各类菜点的配置比例中，中档宴席的“大菜”比例一般为（　）。

A. 45%　B. 50%　C. 55%　D. 60%

三、多项选择题（每小题的五个备选答案中有两个或两个以上是正确的，请将正确答案的编号填入括号内）

1. 宴席具有的特征是（　）。

A. 程序化　B. 规格化　C. 标准化

D. 聚餐式　E. 社交性

2. 宴席的菜点组合包括（　）。

A. 冷菜　B. 大菜　C. 热炒菜

D. 甜菜　E. 点心

3. 配置宴席菜点的原则是（　）。

A. 因地配菜　B. 因人配菜　C. 因时配菜

D. 因价配菜　E. 色、香、味、形、器相配合

4. 宴席的配菜应考虑的因素有（　）。

A. 宴席的档次　B. 宴席的标准

C. 宴席的人数　D. 宴席的价格

E. 宴席菜肴的总体搭配

5. 宴席的类别有（　）。

A. 一般宴席　B. 普通宴席

C. 中等宴席　D. 高等宴席

E. 特等宴席

学习笔记

四、判断题（下列表述中，认为正确的请在题后括号内画“√”，错误的画“×”）

1. 我国的宴席丰富多彩，款式万千，它是菜点的简单拼凑。（　）

2. 宴席是按一定规格、要求、程序安排的综合菜点。（　）

3. 冷菜烹制，以食用为主，但要求色香味美，可看可吃。（　）

4. 大菜要求香酥、爽脆、鲜嫩、肥美，在质量上超过所有菜品，统帅全席。（　）

5. 热炒菜一般系现制现食，快速上席。（　）

6. 点心采用的种类与成品的精粗取决于宴席规格的高低。（　）

7. 宴席菜肴的总体搭配要求不仅能使营养均衡，而且能为顾客食用增添情趣。（　）

8. 宴席在配置菜点时应根据宾客的爱好和要求，从宴请的人数、时令季节和市场供应的情况以及本企业的烹饪技术力量等方面考虑，适当地变换和增减菜点。（　）

五、计算题

1. 现有客人预订10桌宴席，销售毛利率为50%，内含1彩拼、8冷菜、8大菜、4热炒菜、2汤羹、2点心、1主食、1果盘。有关成本资料如表6-15所示。请计算出每桌成本、每桌售价、10桌总成本和10桌总售价。

表 6-15　　宴席菜单

金额单位：元

种类	品名	主配料	烹调方法	味型	形状	成本	销售毛利率/%	售价
彩拼	鸳鸯戏水	鸡、鸭、黄瓜、鸡蛋糕	卤、煮、蒸	多味	粒、片、丝	18	50	
冷菜	姜汁蛏子	蛏子	烫、拌	姜汁味	长圆	10	50	
	炝鱼丝	鱼	炝	酸辣	丝	8	50	
	五香鸡	仔鸡	卤	咸香	整只	8	50	
	酱牛腱	牛肉	酱	五香	片	10	50	
	拌海蜇	海蜇	拌	葱油	条	15	50	
	酱汁海参	海参	酱	甜咸	椭圆	15	50	

学习笔记

续表

种类	品名	主配料	烹调方法	味型	形状	成本	销售毛利率/%	售价
冷菜	珊瑚藕	莲藕	拌	咸鲜	片	5	50	
	辣莴苣	莴苣	腌、炝	香辣	菱形	5	50	
大菜	扒鱼唇	鱼唇	扒	咸鲜	丝	200	50	
	葱烧海参	海参	烧	葱香	整只	200	50	
	清蒸加吉鱼	加吉鱼	蒸	咸鲜	整条	200	50	
	梅雪大虾	大虾	扣、蒸	咸鲜	整只	40	50	
	雪丽鱼条	鱼肉	炸	咸鲜	条	15	50	
	汆三鲜	鸡、虾、海参	汆	清鲜	丝	12	50	
	油爆海螺	海螺肉	爆	咸鲜	片	20	50	
	九转大肠	大肠	㸆	怪味	段	40	50	
热炒菜	爆鱿鱼卷	鱿鱼	爆炒	咸鲜	麦穗	12	50	
	油爆双脆	肚头、鸭胗	油爆	咸鲜	片	15	50	
	拔丝金枣	红枣、山楂糕	拔丝	香甜	椭圆	10	50	
	辣子鸡丁	鸡肉	辣炒	咸辣	丁	12	50	
汤羹	西米露	西米	烩	甜	粒	5	50	
	三鲜汤	海参、虾仁、冬笋	烩	咸鲜	片	6	50	
点心	三丁包	面、肉馅	蒸	甜咸	圆	6	50	
	杏仁酥	面、杏仁	烤	甜	圆片	5	50	
主食	雪菜肉丝面	面条、雪菜、肉丝	煮	咸	条	8	50	
果盘	水果拼盘	烟台苹果、桃	拼摆	酸甜	瓜果形	10	50	
	合计							

2. 现有客人预订20桌宴席，销售毛利率为55%，内含1彩拼、8冷菜、8大菜、6热炒菜、2汤羹、2点心、1主食、1果盘。有关成本资料如表6–16所示。请计算出每桌成本、每桌售价、20桌总成本和20桌总售价。

表 6-16　　宴席菜单

金额单位：元

种类	品名	主配料	烹调方法	味型	形状	成本	销售毛利率 /%	售价
彩拼	蝴蝶拼盘	素虾、牛肉、肉松	煮、酱、蒸	多味	片状	18	55	
冷菜	香糟鸡丝	母鸡、香糟	糟	糟香	丝	9	55	
	卤鸭	鸭子	卤	甜咸	块	9	55	
	红油鞭花	牛鞭	煮、拌	红油	菊花状	22.5	55	
	脆皮乳鸽	乳鸽	油淋	咸鲜	块	9	55	
	松子火腿	火腿、松子	蒸	香甜	片	13.5	55	
	脆鳝	鳝鱼	炸熘	咸甜	丝	9	55	
	拌马兰	马兰头	拌	咸甜	段	4.5	55	
	香椿腐衣	香椿、腐衣	拌	咸鲜	丝	4.5	55	
大菜	清汤大乌参	大乌参	蒸	醇鲜	整只	90	55	
	松鼠鳜鱼	鳜鱼	脆熘	酸甜	整只	45	55	
	百花酒焖肉	猪肋条	酒焖	醇香	块	13.5	55	
	清炖蟹粉狮子头	蟹粉猪肉	炖	咸鲜	球	36	55	
	虾仁扣三丝	虾仁、火腿、笋、鸡丝	扣、蒸	咸鲜	丝	9	55	
	三套鸭	鸭、鸽、鹌鹑	炖	咸鲜	整只	13.5	55	
	青鱼划水	青鱼尾	干烧	咸辣	条形	9	55	
	蟹足菇母鸡煲	母鸡、蟹足菇	炖	咸鲜	块	13.5	55	
热炒菜	腰果虾仁	腰果、虾仁	滑炒	咸鲜	粒状	18	55	
	响油鳝糊	鳝鱼	熟炒	咸香	糊状	13.5	55	
	芙蓉鸡片	鸡脯	滑熘	咸鲜	片	13.5	55	
	响铃球	猪板油、核桃	炸	香酥	网状	9	55	
	瓜姜鱼片	鱼肉、瓜、姜	滑炒	咸嫩	片	9	55	
	香菇菜胆	香菇、菜胆	扒	咸鲜	整只	9	55	
汤羹	鸡粥鱼翅羹	鸡脯、鱼翅	烩	咸鲜	稠糊状	9	55	
	莼鸽蛋汤	竹荪、鸽蛋	汆	鲜咸	段、片	4.5	55	
点心	苏式船点	澄粉、豆沙	蒸	甜	动、植物	9	55	
	香蕉酥	面粉、枣泥	烤	香酥	香蕉形	4.5	55	

学习笔记

学习笔记

续表

种类	品名	主配料	烹调方法	味型	形状	成本	销售毛利率/%	售价
主食	蛋炒饭	米饭、鸡蛋	炒	咸鲜	米粒	4.5	55	
果盘	水果拼盘	苹果、橘子	拼摆	酸甜	瓜果形	13.5	55	
	合计							

六、简答题

1. 什么是宴席？其菜点组合内容是什么？
2. 宴席如何配菜？
3. 如何对中餐宴席成本和西餐宴席成本进行核算？
4. 如何对传统宴席、酒会宴席、点心宴、饺子宴的成本进行核算？
5. 点心宴的设计原则有哪些？

模块 7

餐饮成本管理

◎ 学习目标

1. 了解加强餐饮成本管理的重要性
2. 了解餐饮成本管理的内容
3. 了解做好餐饮成本管理基础工作的内容
4. 了解餐饮企业经营管理费用的内容和分类
5. 了解降低费用的途径

精确地计算餐饮产品成本，从而准确地核定餐饮产品价格，是成本核算的首要任务。除此之外，成本核算的另一个任务，就是通过核算，加强对成本的管理，促使企业合理降低成本，改善经营管理，提高经济效益。

学习笔记

项目一　加强餐饮成本管理

所谓餐饮成本管理就是对餐饮企业全部生产经营活动过程中所发生的各种耗费进行系统的预测、决策、控制、核算和分析等一系列的科学管理工作。餐饮成本管理是餐饮企业经营管理的重要组成部分。餐饮成本管理的好坏，对餐饮企业经营的成败具有至关重要的影响。

一、加强餐饮成本管理的重要性

（一）餐饮市场激烈竞争的客观要求

随着市场经济体制的建立和企业的迅速发展，市场竞争日趋激烈，人们对餐饮业餐饮产品质量的要求逐步提高，餐饮企业的生存与发展面临着严重的挑战。要生存求发展，就必须加强餐饮成本管理，努力降低成本，提高企业的经济效益，增强企业的竞争力。

（二）增加企业利润的重要手段

利润是衡量一个企业经济效益好坏的尺度。企业取得利润的多少，主要取决于价格和成本的高低。在销售价格一定的情况下，成本越高，利润就越少；反之，成本越低，利润就越多。餐饮企业只有加强内部管理，重视成本核算工作，才能取得较好的经济效益。

餐饮产品的成本仅限于生产餐饮产品所耗用的原材料，其他耗费均列入经营管理费用，所以，就提高企业经济效益来说，既要从合理降低原材料的成本着手，更要从多方面努力降低经营管理费用。

制作餐饮产品的原材料，从最初购进到加工制作成成品，直至销售，需要经过采购进货、储藏保管、加工生产（切配、烹调等）、销售服务等经营环节。每个环节的工作质量都直接关系到餐饮产品的成本。要降低成本，必须抓住这些环节，切实改善经营管理。

二、做好餐饮成本管理的基础工作

学习笔记

餐饮成本管理的基础工作，是成本管理工作能否见成效的重要环节。为什么有的餐饮企业成本管理效果不佳，成本总是降不下来，其原因之一就是成本管理基础工作薄弱、管理方法陈旧、管理手段落后，不能适应管理工作的要求。做好成本管理的基础工作主要应从以下几方面着手。

（一）建立健全成本管理的原始记录

建立健全成本管理的原始记录是正确计算费用、成本、考核的依据。因此，原始记录必须全面、完整、准确、及时，否则成本管理的考核、分析都会失去依据。原始记录是直接反映餐饮企业生产经营活动的最初记录资料，如各种原料的领用记录、工时耗用记录、考勤记录、费用开支记录等。原始记录要符合生产经营的需要，要加强对原始凭证，尤其是发票、支票、收据等的管理，以保证成本核算信息源头的真实、合法。做好原始记录工作，是餐饮企业成本管理的一个重要方面。

（二）建立健全成本管理的物资收发、计量、验收和盘点制度

物资管理混乱、成本不实的重要原因，就是缺乏物资管理制度，或物资管理制度不健全。物资管理制度，就是对一切物资的收发都要进行计量、验收、办理必要的手续。有消耗定额的，应按消耗定额发料；没有消耗定额的，应按预算和计划的合理需要量发料，防止乱领乱用，造成积压浪费。定期对物资库存进行盘点，防止霉烂变质和呆滞积压，从而降低成本中的材料费用。

（三）建立健全钱、财、物的管理制度

根据企业自身的实际情况，建立健全钱、财、物的管理制度，如成本计划、原料采购成本、消耗定额、收发料手续、费用开支标准、计量、计价等制度，从根本上扭转不讲成本、不计盈亏、采购无计划、用料无定额等无章可循的现象。

（四）采用先进的成本管理方法

管理方法落后，就不能充分发挥管理工作的作用，应创造条件，积极采用一些先进的科学管理方法：一是实行目标成本管理。企业应根据其具体情

学习笔记

况，通过调查研究，制定出先进合理的标准成本作为企业的目标成本。目标成本确定后，再逐级分解，下达到责任单位、责任者，认真落实并加强监督，定期检查目标的执行情况。目标成本管理有利于企业之间的成本比较，发现自己管理工作的薄弱环节；也有利于企业开展成本预测、决策、分析和比较。二是逐步形成科学的成本管理体系。有些企业只注意生产过程中的成本管理，而忽视供应过程和销售过程中的成本管理，特别是事前成本管理薄弱。采用成本预测、成本决策、成本计划、成本控制、成本分析和成本考核的科学、系统的方法体系，使成本预测能及时、准确地为成本决策提供所需要的数据，成本决策为成本计划提供科学的依据，成本核算提供的资料能够更好地为成本预测、成本决策、成本控制服务。

学习笔记

项目二　原材料采购管理

采购进货是餐饮企业的第一个生产经营环节。为了保证生产活动的正常顺利进行，必须有计划地合理组织原材料采购。由于餐饮产品原材料种类繁多，季节性很强，品种差异较大，而进货质量又直接与原料的净料率相关，因此，采购进货对于降低餐饮产品的成本有着很重要的影响。采购人员必须具有丰富的业务知识和很强的责任感，增强精打细算的意识，在采购过程中处处为降低产品成本着想。

一、采购进货的要求

采购进货的具体要求如下。

（1）品种必须对路。即采购的货物必须适用，也就是说所采购的原材料适合于餐饮产品生产的要求。

（2）质量必须优良。原材料的质量决定着餐饮产品的质量，只有优质的原材料才能加工生产出高质量的餐饮产品。所以，采购的原材料必须具有较高的使用价值，货真价实，出品率高，坚决防止购入变质材料。

（3）价格必须合理。即所购原材料的价格与其价值要相符。要认真核算其净料率，切实保证原材料价格的合理性，坚决杜绝在进货价格中弄虚作假、拿回扣等贪污、营私舞弊行为。

（4）数量必须适当。要求进货数量既能保证企业日常生产、供应的需要，又不造成人为的库存积压。进货数量适当是库存合理的基础，要根据本单位生产经营情况和市场货源情况正确地确定进货数量。一般来说应该“少进、勤进”，即每次进货的数量应该少些，进货的次数可以多些（即间隔期短）。

（5）费用必须节省。采购费用可以少花的应尽量少花，能够不花的坚决不花，这样才能直接降低成本和费用开支的水平。

（6）凭证必须齐全。凭证是成本核算的基础资料。切实做到每一笔采购

学习笔记

都要有单据，都要进行检斤、过秤、检查质量、验收。各项经济业务手续清楚完备，以便堵塞各种漏洞，防止原材料不应有的散失和损耗。

二、采购进货的原则

（1）稳定原材料质量原则。质量忽高忽低是餐饮经营之大忌。要保证餐饮质量，采购工作是第一关。

（2）最佳时间和批量原则。使用部门和库房申购原材料是有时间和数量要求的。采购部门必须保证按时按量采购供应，否则难以保证按时使用，造成库存和资金的压力增加。

（3）合理采购价格原则。购买的价格一定要合乎市价，一般来说，批量购买价格低；而批量小、用货急、拖欠款的，采购价格就高，采购部门必须想方设法以最合理的价格采购原材料。

（4）提高采购效率原则。既要掌握规律，保证采购工作有条不紊地正常运转，又要能够及时应付临时采购的需要，以确保企业的正常生产经营，维护企业的利益和形象，提高企业的整体效益。

三、采购进货的程序

餐饮采购工作程序就是通过设计科学合理的采购步骤，降低采购成本，增加企业效益。采购工作程序不仅包括采购部门内部的操作程序，还应包括采购部门与其他相关部门的沟通程序。既要尽量减少中间环节，又要保持各环节的紧密联系和及时沟通，以节约采购时间、节省采购费用，避免因沟通不畅或不及时而导致采购原材料的损失浪费及由于原材料供应不及时而影响企业的正常经营、直接降低企业效益等现象发生。因此，采购工作程序对餐饮成本的管理具有不可忽视的作用。采购程序的基本内容包括采购申请、采购审批、订货与采买、收货、采购经费的报销等。

由此，原材料采购的运转程序为：递交请购单→审核请购单→确定供货商→实施采购→处理票据→支付货款→信息反馈。

采购申请必须考虑的最主要的因素是申购部门及申购批量。大宗采购分为即时采购和鲜活原材料采购。

大宗采购的工作程序为：递交请购单→部门经理审批→总经理审批→确定供货商→实施采购。

即时采购的工作程序为：提出采购申请→库房签字→部门经理审批→实施采购。

鲜活原材料采购程序为："头砧"下单→厨师长签字（审核质量和价格）→采购员采购。

原材料请购单的格式如表7–1所示。

表 7–1　　原材料请购单

编　　号：

部门：　　　　年　月　日　　　　金额单位：　元

编号	品名	规格	计量单位	单价	请购数量	批准数量	备注

审核人：　　　　请购人：

四、制定科学的采购标准

一般的餐饮企业都有一定的采购标准，但大多是经验性、随意性的，不利于餐饮产品质量的稳定。因此，餐饮企业应该制定科学的、书面形式的、有固定格式的采购标准。这种标准不仅可以大大减少采购失误，而且即使有采购失误也能明确失误的责任，便于查找原因、完善管理，最终从根本上杜绝采购成本的浪费。

采购标准的基本内容一般包括如下。

（1）编号、品名、类型。

（2）使用时间和入库时间要求。

（3）采购地点建议。

（4）质量、数量要求。

（5）最高限价及以往最低价格。

（6）填表人。

（7）使用部门。

制定采购标准是一项比较复杂的工作，如果没有现成的资料和经验，可以借鉴优秀企业的采购标准，可参考政府或流通部门颁布的有关质量标准，也可借用供应商的原材料标准，编写一整套符合企业具体要求的采购标准。

学习笔记

学习笔记

对于中小企业来说，可以采取将采购标准与采购单合二为一的形式。

以上内容除最高限价及以往最低价格由财务部和采购部填写外，其他各项由申购人填写。若不能填写采购地点，可由采购部填写。

五、采购进货的质量、数量和价格

（一）采购进货的质量

通常，厨师意愿上总希望使用质量高的原材料，但使用质量高的原材料往往会增加成本。所以，应在原材料质量符合餐厅厨房生产的预期要求、保证餐饮产品质量的前提下，合理选购。为了使采购的原材料质量达到使用要求，保证最经济地使用各种原材料，必须对所需原材料制定明确的规格标准，制定“原材料采购规格书”并加以说明，作为申购、订购、供货和验收的依据，以预先确定的原材料质量要求统一规格、保证质量，便于供货商供货和验收，减少差错和浪费。

（二）采购进货的数量

餐饮原材料的采购数量关系到采购成本的高低、资金周转的速度和储存费用的多少。为了降低餐饮产品的成本，必须加强餐饮原材料的数量控制。

确定采购数量的程序如下。

（1）确定正常使用量。鲜活原材料具有易腐的特性，不易库存。因而，厨房应根据需要每日或隔日申购。如果企业每两天采购一次鲜活和易变质的餐饮原料，厨师长应根据标准菜单和预测，确定每两天需要使用多少数量容易变质的餐饮原料。根据下列公式可计算出每种原材料的申购数量。

某种原材料的申购数量＝某菜肴的预计销售份数×该菜肴标准菜单中的原材料标准用量-厨房该原材料的库存数量

（2）确定现有数量。每天盘存容易变质的原料，可以对某些菜肴原料进行实地盘存，对另一些餐饮原料则只需通过实地观察确定一个估计存货量。

（3）确定应采购数量。计算正常使用量与现有数量之差，确定应采购数量。

（4）调整正常使用量。根据特殊宴会、节日或其他特殊情况调整正常使用量。

学习笔记

（三）采购进货的价格

在加强采购质量、数量控制的同时，采购环节中最关键也是最困难的问题就是采购价格的控制。采购部门应以最合理的价格，购入最符合经营需要的原材料。原材料的价格最易受市场供应、供货渠道、供货商竞争、供货季节和采购数量等因素的影响，波动较大，控制难度也较大。

控制采购价格的主要手段有两个，一是掌握市场价格行情；二是采购方式的选择。

餐饮经营者必须深入而全面地进行市场调查，掌握市场价格行情，以便于对原材料采购价格实施控制。掌握市场价格行情的途径一般有两个，一是由餐饮经理、厨师长、采购部门负责人、验收员和财务成本核算员组成采购价格监督组，至少每半月亲赴市场了解行情一次；二是定期向供货商索取原材料的报价。在充分了解原材料供应价格行情后，餐饮企业的经营者就要依据货比多家、公平竞争的原则，按既定的采购方式选择供货渠道、确定供货商。

目前主要有以下几种成功的价格控制做法。

（1）源头采购。即为了减少中间环节，以最有利的价格采购餐饮原材料，很多餐饮企业坚持与大企业、大公司或大型超市发展业务联系，加大自采力度，掌握采购的主动权。

（2）公开招标，择优采购。即餐饮企业在供货商及公众的监督下，以规定的方式和程序，在保证质量的前提下依据价格优势，对所需的餐饮原材料进行采购。以招标方式确定供货渠道和供货商，使采购的过程和结果始终公开透明，通过公开、公正、公平的竞争，净化采购环节，杜绝采购中黑暗交易的现象。

（3）联合采购。即越来越多的连锁餐饮企业或几个餐饮企业，采用联手采购的方式采购餐饮原材料，以量压价，有效地加强对采购价格的控制。

（4）实行供货商保证金制度。即为了防止供货商在原材料采购过程中发生有价无货、以次充好和掺杂使假等情况的发生，有些餐饮企业在与供货商签订供货协议时，要求供货商交纳一定数额的保证金，用来制约其供货行为，一旦发生上述情况，以供货商交纳的保证金来补偿餐饮企业的损失。

学习笔记

项目三　原材料验收和保管管理

一、做好原材料验收工作

原材料验收工作对确保餐饮企业的产品质量具有极为重要的作用。验收工作人员不仅要有强烈的责任心，而且必须熟悉、掌握各种原材料的验收标准、程序和制度。为了确保验收控制效果、保证产品质量，应该对验收人员进行培训。培训内容包括采购标准、采购批次的确定方法、验收程序及企业有关规章制度等。通过培训，全面提高验收工作人员的素质，为堵塞漏洞、保证原材料质量、降低企业成本、提高企业效益打好基础。

（一）验收程序

规定验收程序，不仅可避免因人而异的随意性，还可以保证验收工作有条不紊、验收项目全面细致地进行，以提高工作效率。

（1）检查订单。根据“订货单”验收购入的原材料，“订货单”中未订购的原材料不予受理。

（2）核对价格，验收质量和数量。根据供货发票检查原材料的价格，根据“订货单”和“采购规格书”验收质量和数量。为了提高工作效率，避免造成人力和财力的浪费，应按先核对价格，再验收质量，最后验收数量的顺序进行原材料的验收。对验收不合格的原材料，应及时办理退货手续。

（3）受理原材料。在前两个程序完成后，验收人员应在供货发票上签字，确认收到的货物，并接收原材料，同时填写“原材料验收单”。检验认可后的原材料，发生任何问题应由本餐饮企业负责。

原材料验收单的格式如表7–2所示。

学习笔记

表 7-2　　原材料验收单

编　号：
部门：　　　　年　月　日　　　　金额单位：　元

编号	品名	规格	计量单位	单价	数量		金额	申购部门	备注
					应收	实收			
合计									

送货人：　　采购人：　　验收人：　　主管：

（4）送库储存。验收后的原材料应及时入库。鲜活原材料应及时通知厨房领取，其他原材料及时由专人送库储存。原材料入库应由专人搬运，不得随便让外单位送货人员进入仓库。验收环节除对购进原材料的价格、质量、数量等进行控制外，还应做好防盗工作，以保证购入的原材料全部安全入库。

（5）填写日报表。鲜活原材料送抵厨房、库存原材料入库后，验收人员应填写"验收日报表"，汇总当日收进的原材料，作为进货的控制依据。财务成本核算员可凭此进行鲜活原材料成本的核算，也可据此保证不重复付款。"验收日报表"应分别由厨师长和仓库保管员核签，确认收货。

（二）验收时应注意的事项

（1）到货数量和订购单上的数量是否一致。验收人员应根据订购单核对发货票上的数量和实物计量单位，并与实际收到的数量核对，看是否一致。若有不一致处，验收人员应做好记录。无论出现何种问题，验收人员都应报告经理，请经理解决。

（2）核对发货票的价格与订购单上的价格是否一致。

（3）检查到货质量是否和采购标准规定的质量要求相符。

（4）定期做好检查验收工作。应由优秀的餐饮产品采购员检查验收部和验收人员的工作；厨师长也应经常检查餐饮原材料的质量，了解餐饮产品成本；企业财务主管应每天抽空到验收处检查工作；企业管理者也应每天或不定期检查验收部的工作。

（5）做好验收环节的防盗工作。

学习笔记

二、加强储藏保管工作

原材料在储存过程中时刻都存在着损耗的可能。餐饮企业的原材料储存管理就是避免一切可能造成的浪费，也就是积极预防而不是被动处理已经发生的浪费现象。要规范库房业务程序，避免因工作流程不畅造成的原材料损失。

（一）原材料储藏保管的管理

原材料的储藏保管对原材料的质量与损耗都有影响。如果储藏保管不当，就会使原材料质量下降，损耗增加，最终导致产品成本的升高，直接影响企业的经济收益。

1. 粮油和一般干货原材料的储藏保管

粮油和一般干货原材料大多数是由仓库或保管部门直接负责的，所以，仓库或保管部门必须做好以下工作。

（1）要准确记账。对所储存的原材料要按品种设账，并在出入库时认真及时地做好记录，做到账实相符。

（2）要严格验收。原材料购进之后，要有专人验收。验收人员应根据进货发票所列品种、规格、单位、数量、金额等认真细致地逐一验收。如发现规格、数量、金额等不符的情况，应及时与发货单位联系处理；如遇原材料质量有问题，应做退货处理。

（3）要及时发料。原材料入库后，餐厅厨房领用，应填写“领料单”，办理领料手续，保管人员凭单发料。

（4）要随时检验翻晒。对库存原材料要随时进行检验，并及时进行翻晒。尤其要特别注意梅雨季节和某些呆滞易腐品。

（5）要定期盘点结算。原则上应10天盘点结算一次。但在实际工作中，餐饮企业普遍实行月末盘点的制度，应该说是最低的要求。结算时要认真进行盘点，做好盘点记录。如果遇有账实不符，应认真分析原因，并及时进行复查。同时还要认真准确地盘点结存，以保证餐饮产品成本的真实性。

2. 鲜活原料的储藏保管

鲜活原料一般由餐厅厨房部门直接保管，而大多数采用冷藏的方法。鲜活原料较一般干货原材料更易变质，在保管上尤其要当心。对所购进的鲜活

学习笔记

原料，一定要有专人负责保管。保管者应加强业务学习，丰富业务知识，不仅要懂得各种原料的性质，而且要熟悉其可储藏期，以防止原料变质。原材料购进后，要坚持先进先出和先拆先用的原则，防止原材料变质。

（二）发料的管理

发料管理的任务是在保证各餐厅厨房得到及时、充分的原材料供应的前提下，控制领料手续和领料数量，避免原材料的流失，并正确计算餐饮产品的成本。

1. 实行“领料单”制度

发料人员应坚持原则，做到没有“领料单”不发料，未经审批的不发，有涂改或不清的不发，手续不全的不发，变质过期的原材料不发。

原材料领料单的格式如表7-3所示。

表 7-3　　原材料领料单

编　号：

部门：　　　　年　月　日　　　　金额单位：　元

编号	品名	规格	计量单位	单价	数量		金额	备注
					请领数	实发数		

领料人：　　领料部门经理：　　保管员：　　记账员：

原材料发放的管理还应得到厨师长的配合。厨师长既要把住“领料单”的审核关，又要把好复核关。审核关的内容主要是：签字笔迹一致，不随意变换字体；将原材料最后一项下面的空白栏划去；加强领料数量控制，只领当日经营所需的原材料，以免浪费或流失。复核关的内容是原材料从仓库领回后，管理者要善于观察，并进行数量、质量的抽查，发现问题，立即追究责任者的责任，坚决杜绝领料过程中的漏洞。

学习笔记

2. 原材料发放实行“先进先出法”

餐饮原材料发放实行“先进先出法”。所谓“先进先出法”，就是先购入的原材料先发出，后购入的后发出。其目的是保证餐厅厨房使用的原材料质量，避免变质、过期等造成损失。

学习笔记

项目四 厨房生产成本管理

一、提高切配技术

餐厅厨房生产人员对烹饪原料进行初加工、细加工后，接着进行的配菜工作也是控制菜点成本的重要环节。对原料进行初加工、细加工和配菜的人员必须提高加工操作水平，降低在加工过程中的损耗率，提高净料率，严格按照已核算准确的成本数额配菜。只有这样才能控制成本，使餐饮产品保质保量。

（一）切配工作的要求

餐厅厨房生产人员对原料进行初加工、细加工、切配时，应根据原料供应情况、原料本身情况，坚持勤俭节约的原则，“整料整用，大料大用，小料小用，下脚料综合利用”，做到统筹兼顾，物尽其用；做到根据原料具体情况，切配以及销售菜点，以此达到既提高切配操作技术，又能控制成本、降低成本的目的。最终实现调节餐饮产品市场供应、满足消费者需要的目的。

（二）在切配工作中应注意的问题

（1）注意了解市场供求情况、物价行情，择价购买，做好烹饪原料供应工作。

（2）采取切实可行的措施提高原料的净料率，减少损耗，保证原料质量，降低原料成本。

（3）餐厅厨房要加强与采购人员的联系，指导采购价格适中的新原料，以利于制作新产品，扩大市场供应。

（4）根据分档取料各部位原料的质量，综合利用，做到物尽其用，按照质量、规格制作出菜肴、面点品种。

为了充分做好切配部门的工作，除必须了解市场供应情况，加强与采购

学习笔记

人员的联系、指导采购以及采取切实措施提高净料率、保证质量、减少损耗、降低成本外，还应该根据分档原材料的质量，综合利用，做到物尽其用，并严格按照产品的规格、质量办事。

（三）切配工作应建立的制度

为了保证达到上述要求，应该建立以下各项制度。

1. 净料率记录制度

随时做好净料率记录，并根据这些记录的资料进行分析，研究净料率低的原因，以求得更精确的净料率。

2. 与采购部门联系的制度

与采购部门除保持经常联系沟通外，还应定期交流净料资料（记录），以便于共同加强对原材料的规格、质量的掌握，并且不断改进净料处理技术。

3. 产品记录制度

每个餐饮产品都应随时记录，以便根据这些记录研究产品的规格、质量，分析成本核算的精确程度，以期不断提高质量和成本核算的精确度。

4. 逐菜核算制度

新品种上市前，一定要先对其成本进行核算，然后根据其成本、规格进行切配，反对切而不配，算而不核。

5. 逐菜下料制度

配菜时，任何产品的任何原料，都应按规定的规格、重量逐一过秤，不能单凭经验随手抓。论个数的原材料（如鱼丸、肉丸等）则应按规定的个数配，不能多配，也不能少配。

6. 张贴成本核算表制度

成本核算表一般应包括以下内容。

（1）菜点名称。

（2）主料的名称、规格、重量及其成本。

（3）配料的名称、规格、重量及其成本。

学习笔记

（4）调味品的名称、规格、重量及其成本。

（5）产品的总重量和总成本。

（6）毛利率。

（7）售价。

二、保证烹调质量

餐饮产品的质量好坏，在很大程度上与烹调直接相关。因此，餐厅厨房生产人员在制作餐饮产品的过程中，要做到既保证产品质量又控制成本，就必须节约使用各种原材料，并做到以下内容。

（1）严格执行餐饮产品的用料标准。这不仅能使产品的成本精确，更重要的是能保证餐饮产品的规格、质量稳定。

（2）贯彻节约的原则。几个同一品种且又同一时间需要的菜肴、面点，可以同一锅进行烹调，这样有利于节约调味品成本和时间。

（3）努力提高烹调技术。做到投料精确，一次性烹调出合格产品、优质产品，无须返工，不出废品。

三、提高厨房生产效率

（一）提前做好开餐前的准备工作

厨房生产人员在正式开餐前，将烹饪原料洗涤干净，切成所需形状，做好腌渍、焯水、油炸、炖扣、焖酿、过油、干货涨发等预备工作，待开餐时，点菜单一到，便可立即配制烹调出菜肴、面点，这样可大大提高菜点制作的生产效率。

（二）厨房配备齐全所需的设施设备

厨房配备足够的案台、刀具、灶台、炊具、餐具、厨具，还配备电冰箱、绞肉机、和面机、高压锅、微波炉、电烤箱、电蒸锅、电煎锅等；炊具配备柴油灶、液化气、猛火炉、电火炉、唐宁自动控制配套锅等。这些设备设施都是可以帮助厨房提高生产效率的。

（三）科学合理编排上班人员交接班

厨房应根据餐厅营业时间和忙闲规律而科学合理地编排人员的班次，在

学习笔记

正常班时安排上班人员，开餐忙时安排抽班人员，保证空闲时有人上班做准备工作，忙时各岗位有足够的生产技术力量，能够及时顺利地生产出菜点，以确保供应工作。

（四）简化工作程序，提高劳动效率

简化工作程序，就是取消那些既不能增加产品价值又不利于生产发展的工作步骤，尽量减少无效劳动，从而达到提高生产效率的目的。例如，能运用高压锅做蒸、扣、煨、炖菜肴的，就不要用一般锅，因为长时间的烹制，费工费时。现在，一般管理较好的厨房都采用较细致的分工，责任到人，各司其职。厨房生产采用标准化、规范化、程序化的模式，这些都切实有效地提高了生产效率。

学习笔记

项目五 降低经营管理费用

餐饮企业要提高经济效益，除加强成本核算、降低餐饮产品成本外，还应努力降低各种经营管理费用以及完成和扩大销售计划。企业的经营管理费用越低，利润就会越高。任何企业，都必须努力增加生产，厉行节约，勤俭办企业，以求最大限度地降低企业的经营管理费用，增加企业收益，为国家提供更多的利税。

一、企业的经营管理费用

餐饮企业的经营管理费用支出占营业收入的比例很大。及时、有效地控制企业经营过程中的经营管理费用支出，是提高经济效益的重要途径。

（一）经营管理费用的内容

根据小企业会计准则，餐饮企业的经营管理费用主要包括销售费用、管理费用、财务费用。

1. 销售费用

销售费用是指餐饮企业销售商品或提供劳务过程中发生的各项费用。包括销售人员的职工薪酬、运输费、装卸费、包装费、保险费、广告费、业务宣传费、展览费等费用。

2. 管理费用

管理费用是指餐饮企业为组织和管理生产经营发生的其他费用。包括在筹建期间内发生的开办费、行政管理部门发生的费用（固定资产折旧费、修理费、办公费、水电费、差旅费、管理人员的职工薪酬等）、业务招待费、研究费用、技术转让费、相关长期待摊费用摊销、财产保险费、聘请中介机构费、咨询费（含顾问费）、诉讼费等费用。

学习笔记

3. 财务费用

财务费用是指餐饮企业为筹集生产经营所需资金而发生的筹资费用。包括利息费用（减利息收入）、汇兑损失、银行相关手续费等费用。

（二）费用分类

餐饮企业的经营管理费用可以按不同的标准进行分类。分类的目的在于根据不同的费用采取不同的控制策略。餐饮企业的经营管理费用主要有以下分类方法。

1. 按其与业务量的关系不同分为固定费用和变动费用

（1）固定费用　是指那些不随业务量（如产量、销售量或销售额等）的变动而变动的费用。这种费用与业务量的变动没有直接关系，其在各期的支出水平比较稳定，如固定资产折旧、租赁费等。

（2）变动费用　是指那些在一定时期和一定条件下，随着业务量的变化而变化的费用。这种费用与业务量的变动有着直接的关系，其在各期的支出水平同业务量成正比例变化，如水电费、燃料费、运输费等。

此类划分主要是为损益分析和费用控制提供理论依据。高层管理以固定费用控制为主；中低层管理以变动费用控制为主，尽量降低成本费用。在划分固定费用和变动费用后，就可以利用数学方法分析业务量、成本及利润（简称量本利）三者之间的盈亏平衡关系。对成本费用进行分析，可加强对成本费用的管理和控制，提高企业的经济效益。

2. 按其可控程度不同分为可控费用和不可控费用

（1）可控费用　是指在餐饮管理中基层和部门人员通过自身的努力所能控制的费用，即在短期内可以改变其数额大小的那些费用，主要包括物料消耗、能源费用和人工费用。一般而言，变动费用属于可控费用。某些固定费用也是可控费用，如广告和推销费用、管理费用等。对可控费用的管理是餐饮成本管理的重要方面。

（2）不可控费用　是指在餐饮管理中基层和部门人员通过努力也难以控制，只有高层管理人员才能掌握的那些费用。固定费用一般是不可控费用，如租金、保险费、固定资产折旧费及按规定提取的福利费等。这些均是按有关制度规定支出的，都是经营管理人员无法通过努力来改变其数额大小的，因此属于不可控费用。

此类划分主要是为费用控制的分工和重点掌握提供依据。中基层以可控费用控制为主，高层则以不可控费用控制为主。

学习笔记

二、降低经营管理费用的途径

（一）增强核算意识，加强经济核算

餐饮企业成本核算，直接关系到企业的经济效益。无论是专业核算人员还是各部门的专业技术人员，都应认识到成本核算的重要性，在准确地核算餐饮产品成本的同时，对生产经营过程中的各项费用支出应进行有效的控制，应充分调动全体员工参与成本、费用管理的积极性。

（二）严格控制易耗品的消耗

合理地制定易耗品预算并保证其实现。餐饮企业的餐、茶用品费用，包括餐具、茶具、酒具、台布、客用物品、清洁用品等，有的属于一次性消耗品，有的属于多次使用物品。它们名目繁多、使用分散，容易散失和损耗，难以管理，因此要严格控制各种物料的消耗。

（三）改善劳动组织，提高劳动生产率

餐饮业属于劳动密集型行业，其特点是工种多、用人多、人工成本支出大。这就需要科学地改善劳动组织，合理地安排、组织和使用人力资源；大力提倡技术革新，开展技术练兵、技术竞赛活动，使全体员工成为刻苦钻研、精通业务、任劳任怨、精益求精的学习型、技能型人才；力求企业员工既有精兵，又有强将，科学有效地提高劳动生产率。

（四）减少重点项目的费用开支

1. 节约能源消耗

餐饮能源消耗包括水费、电费、燃料费等费用。随着能源价格的不断上涨，作为能源消耗比较大的餐饮业一定要做好节能工作。企业要加大科技开源力度，采用空调余热技改、太阳能和热泵等降低电和油的消耗；重视提高设施设备的节能效果，将老式锅炉更换成节能型锅炉和热水炉；选用节能型照明器材等。

学习笔记

2. 加强设施设备的维修保养，提高其利用率

建立和健全财产管理制度，按类或分部门进行财产管理，加强保管和使用的责任制。加强各种设施设备的维修保养，可以延长其使用寿命，提高利用率，降低设施设备费用的支出，也能相对减少折旧费、修理费、租赁费和零星购置费用等。

3. 大力降低行政费用

行政费用，包括办公费、业务招待费、交通费、差旅费等费用。如何把这些费用控制好，对降低经营管理费用至关重要。企业管理者要严格控制业务招待费，采取指标包干形式，签单权力集中在主管领导手上，接待费用应严格根据经营和业务需要，坚持既要热情、又要防止铺张浪费的原则；要严格控制办公费用，尽量做到少开会、开短会；办公用品的领取和使用要实行登记统计制度，打印、复印各种文件材料要注意纸张的节约，提高纸张的重复使用率；要严格控制交通费用，工作用车要严格执行审批和登记制度，对车辆维修、加油、过路过桥费等费用要加强监督和检查；要严格控制差旅费用，出差人员应按规定乘坐交通工具，出差补助报账时应严格把关。

学习笔记

检查评价

内容回顾

本模块介绍了加强餐饮成本管理的重要性、做好成本管理的基础工作的内容、餐饮成本管理的内容（包括原材料采购管理、原材料验收和保管管理、厨房生产成本管理等）、企业经营管理费用的内容和分类、降低费用的途径等内容。重点阐述了餐饮成本管理的内容。

强化演练

一、填空题（请将正确答案填入题内横线上）

1. 精确地计算餐饮产品成本，从而准确地核定餐饮产品价格，是成本核算的________任务。

2. 餐饮成本管理就是对餐饮企业全部生产经营活动过程中所发生的各种耗费进行系统的________、________、________、________和________等一系列的科学管理工作。

3. 加强餐饮成本管理是餐饮市场________的客观要求。

4. 加强餐饮成本管理是________的重要手段。

5. 制作餐饮产品的原材料，从最初购进到加工制作成成品，直至销售，需要经过________、________、________、________等经营环节。

6. 采购进货的具体要求是：________、________、________、________、________、________。

7. 采购进货的原则是________、________、________、________。

8. 原材料的价格最易受________、________、________、________和________等因素的影响，________较大，________也较大。

9. 控制采购价格的主要手段有两个：一是________；二是________。

学习笔记

10．目前成功的价格控制做法主要有：一是________；二是________；三是________；四是________。

11．根据小企业会计准则，餐饮企业的经营管理费用主要包括：________、________和________三部分。

12．餐饮企业的经营管理费用按其与业务量的关系不同分为________和________。

13．餐饮企业的经营管理费用按其可控程度不同分为________和________。

14．降低费用的途径有________、________、________、________。

二、单项选择题（每小题的四个备选答案中只有一个是正确的，请将正确答案的编号填入括号内）

1．采购环节中最关键也是最困难的问题是（　）。

A．采购数量的控制　　B．采购价格的控制

C．采购质量的控制　　D．采购标准的控制

2．餐饮原材料发放实行“先进先出法”，其目的是保证餐厅厨房使用的原材料的（　）。

A．价格　　B．质量　　C．规格　　D．数量

3．下列哪种不是目前成功的价格控制做法（　）。

A．联合采购　　B．公开招标，择优采购

C．源头采购　　D．市场采购

4．下列属于财务费用的是（　）。

A．保管费　　B．租赁费　　C．坏账损失　　D．汇兑损失

5．下列属于固定费用的是（　）。

A．水电费　　B．固定资产折旧

C．燃料费　　D．运输费

6．下列属于变动费用的是（　）。

A．租赁费　　B．水电费

C．固定资产折旧　　D．广告宣传费

7．下列属于可控费用的是（　）。

A．固定资产折旧费　　B．租赁费

C．保险费　　D．物料消耗

学习笔记

8. 下列属于不可控费用的是（　）。

A. 广告宣传费　　B. 物料消耗

C. 能源费用　　D. 固定资产折旧费

三、多项选择题（每小题的备选答案中有两个或两个以上是正确的，请将正确答案的编号填入括号内）

1. 餐饮成本管理的基础工作内容包括（　　）。

A. 建立健全成本管理的物资收发、计量、验收制度

B. 建立健全成本管理的原始记录

C. 建立健全钱、财、物的管理制度

D. 建立健全成本管理的物资盘点制度

E. 采用先进的成本管理方法

2. 采购进货的具体要求是（　　）。

A. 品种必须对路　　B. 质量必须优良

C. 价格必须合理　　D. 数量必须适当

E. 费用必须节省　　F. 凭证必须齐全

3. 采购进货的原则是（　　）。

A. 最佳时间原则　　B. 提高采购效率原则

C. 合理采购价格原则　　D. 最佳批量原则

E. 稳定原材料质量原则

4. 确定采购数量的程序为（　　）。

A. 确定正常使用量　　B. 确定现有数量

C. 确定特殊使用量　　D. 调整正常使用量

E. 确定应采购数量

5. 目前成功的价格控制做法主要有（　　）。

A. 联合采购　　B. 实行供货商保证金制度

C. 源头采购　　D. 市场采购

E. 公开招标，择优采购

6. 原材料的验收程序是（　　）。

A. 检查订单　　B. 核对价格，验收质量和数量

C. 受理原材料　　D. 送库储存

E. 填写日报表

学习笔记

7. 原材料验收时应注意（　　）。

A. 到货数量和订购单上的数量是否一致

B. 核对发货票的价格与订购单上的价格是否一致

C. 定期做好检查验收工作

D. 检查到货质量是否和采购标准规定质量要求相符

E. 做好验收环节的防盗工作

8. 对于粮油和一般干货原材料的储藏保管必须做好的工作有（　　）。

A. 要严格验收　　B. 要及时发料

C. 要随时检验翻晒　　D. 要定期盘点结算

E. 要准确记账

9. 发料的管理方法有（　　）。

A. 实行“后进后出法”　　B. 实行“领料单”制度

C. 实行“加权平均法”　　D. 实行“先进先出法”

E. 实行“限额领料单”制度

10. 切配工作应建立的制度有（　　）。

A. 净料率记录制度　　B. 与采购部门联系的制度

C. 产品记录制度　　D. 逐菜下料和核算制度

E. 张贴成本核算表制度

11. 保证烹调质量的措施有（　　）。

A. 严格执行餐饮产品的用料标准

B. 提高原材料的质量

C. 贯彻节约的原则

D. 增加餐饮产品的原材料用量

E. 努力提高烹调技术

12. 提高厨房生产效率的措施有（　　）。

A. 提前做好开餐前的准备工作

B. 厨房配备齐全所需的设施设备

C. 科学合理编排上班人员交接班

D. 简化工作程序，提高劳动效率

E. 延长工作时间

13. 餐饮企业的经营管理费用包括（　　）。
    A. 管理费用　　B. 营业费用
    C. 财务费用　　D. 销售费用
    E. 服务费用
14. 下列属于财务费用的是（　　）。
    A. 保管费　B. 利息支出　C. 坏账损失
    D. 汇兑损失　E. 金融机构手续费
15. 餐饮企业的经营管理费用按其与业务量的关系不同分为（　　）。
    A. 可控费用　B. 不可控费用　C. 固定费用
    D. 变动费用　E. 经营管理费用
16. 餐饮企业的经营管理费用按其可控程度不同分为（　　）。
    A. 可控费用　B. 不可控费用　C. 固定费用
    D. 变动费用　E. 经营管理费用
17. 降低费用的途径主要有（　　）。
    A. 增强核算意识，加强经济核算
    B. 严格控制易耗品的消耗
    C. 改善劳动组织，提高劳动生产率
    D. 减少重点项目的费用开支
    E. 降低餐饮产品生产成本
18. 减少重点项目的费用开支有（　　）。
    A. 节约水费　　B. 节约电费
    C. 节约燃料费　　D. 在降低行政费用上下功夫
    E. 加强设施设备的维修保养，提高利用率

四、判断题（下列表述中，认为正确的请在题后括号内画“√”，错误的画“×”）

1. 精确地计算餐饮产品成本，从而准确地核定餐饮产品价格，是成本核算的首要任务。（　）

2. 加强餐饮成本管理是增加企业利润的重要手段。（　）

3. 建立健全成本管理的原始记录是正确计算费用、成本、考核的依据。（　）

学习笔记

4. 通常，厨师意愿上总希望使用质量高的原材料，因为使用质量高的原材料会降低成本。(　)

5. 餐饮原材料发放实行的“先进先出法”，就是先购入的原材料后发出，后购入的先发出。(　)

6. 餐饮原材料的采购数量关系到采购成本的高低、资金周转的速度和储存费用的多少。(　)

7. 原材料验收工作对确保餐饮企业的产品质量具有极为重要的作用。(　)

8. 在原材料验收过程中，无论出现何种问题，验收人员都应报告经理，请经理解决。(　)

9. 为了保证餐厅厨房使用的原材料质量，原材料发放应实行“先进先出法”。(　)

10. 固定费用都是可控费用。(　)

11. 固定费用都是不可控费用。(　)

12. 一般而言变动费用属于可控费用。(　)

13. 高层管理以固定费用控制为主，中低层管理以变动费用控制为主。(　)

14. 基层部门以不可控费用控制为主，高中层则以可控费用控制为主。(　)

五、简答题

1. 为什么要加强餐饮成本管理？
2. 餐饮成本管理的基础工作包括哪些？
3. 对采购进货的要求有哪些？
4. 采购进货的原则是什么？
5. 目前成功的控制采购价格的做法有哪几种？
6. 原材料验收程序是怎样的？
7. 在原材料验收时应注意哪些问题？
8. 如何做好原材料的保管工作？
9. 切配工作中应建立哪些制度？
10. 如何保证烹调质量？
11. 如何提高厨房生产效率？
12. 餐饮企业的经营管理费用包括哪三部分？
13. 降低经营管理费用的途径有哪些？

附 录

学习笔记

小企业会计准则

（中华人民共和国财政部以财会［2011］17号印发）

第一章 总 则

第一条 为了规范小企业会计确认、计量和报告行为，促进小企业可持续发展，发挥小企业在国民经济和社会发展中的重要作用，根据《中华人民共和国会计法》及其他有关法律和法规，制定本准则。

第二条 本准则适用于在中华人民共和国境内依法设立的、符合《中小企业划型标准规定》所规定的小型企业标准的企业。

下列三类小企业除外：

（一）股票或债券在市场上公开交易的小企业。

（二）金融机构或其他具有金融性质的小企业。

（三）企业集团内的母公司和子公司。

前款所称企业集团、母公司和子公司的定义与《企业会计准则》的规定相同。

第三条 符合本准则第二条规定的小企业，可以执行本准则，也可以执行《企业会计准则》。

（一）执行本准则的小企业，发生的交易或者事项本准则未作规范的，可以参照《企业会计准则》中的相关规定进行处理。

（二）执行《企业会计准则》的小企业，不得在执行《企业会计准则》的同时，选择执行本准则的相关规定。

（三）执行本准则的小企业公开发行股票或债券的，应当转为执行《企业会计准则》；因经营规模或企业性质变化导致不符合本准则第二条规定而成为大中型企业或金融企业的，应当从次年1月1日起转为执行《企业会计准则》。

学习笔记

（四）已执行《企业会计准则》的上市公司、大中型企业和小企业，不得转为执行本准则。

第四条 执行本准则的小企业转为执行《企业会计准则》时，应当按照《企业会计准则第38号——首次执行企业会计准则》等相关规定进行会计处理。

第二章 资 产

第五条 资产，是指小企业过去的交易或者事项形成的、由小企业拥有或者控制的、预期会给小企业带来经济利益的资源。

小企业的资产按照流动性，可分为流动资产和非流动资产。

第六条 小企业的资产应当按照成本计量，不计提资产减值准备。

第一节 流动资产

第七条 小企业的流动资产，是指预计在1年内（含1年，下同）或超过1年的一个正常营业周期内变现、出售或耗用的资产。

小企业的流动资产包括：货币资金、短期投资、应收及预付款项、存货等。

第八条 短期投资，是指小企业购入的能随时变现并且持有时间不准备超过1年（含1年，下同）的投资，如小企业以赚取差价为目的从二级市场购入的股票、债券、基金等。

短期投资应当按照以下规定进行会计处理：

（一）以支付现金取得的短期投资，应当按照购买价款和相关税费作为成本进行计量。

实际支付价款中包含的已宣告但尚未发放的现金股利或已到付息期但尚未领取的债券利息，应当单独确认为应收股利或应收利息，不计入短期投资的成本。

（二）在短期投资持有期间，被投资单位宣告分派的现金股利或在债务人应付利息日按照分期付息、一次还本债券投资的票面利率计算的利息收入，应当计入投资收益。

（三）出售短期投资，出售价款扣除其账面余额、相关税费后的净额，应当计入投资收益。

第九条 应收及预付款项，是指小企业在日常生产经营活动中发生的各项债权。包括：应收票据、应收账款、应收股利、应收利息、其他应收款等应收款项和预付账款。应收及预付款项应当按照发生额入账。

学习笔记

第十条 小企业应收及预付款项符合下列条件之一的，减除可收回的金额后确认的无法收回的应收及预付款项，作为坏账损失：

（一）债务人依法宣告破产、关闭、解散、被撤销，或者被依法注销、吊销营业执照，其清算财产不足清偿的。

（二）债务人死亡，或者依法被宣告失踪、死亡，其财产或者遗产不足清偿的。

（三）债务人逾期3年以上未清偿，且有确凿证据证明已无力清偿债务的。

（四）与债务人达成债务重组协议或法院批准破产重整计划后，无法追偿的。

（五）因自然灾害、战争等不可抗力导致无法收回的。

（六）国务院财政、税务主管部门规定的其他条件。

应收及预付款项的坏账损失应当于实际发生时计入营业外支出，同时冲减应收及预付款项。

第十一条 存货，是指小企业在日常生产经营过程中持有以备出售的产成品或商品、处在生产过程中的在产品、将在生产过程或提供劳务过程中耗用的材料和物料等，以及小企业（农、林、牧、渔业）为出售而持有的、或在将来收获为农产品的消耗性生物资产。

小企业的存货包括：原材料、在产品、半成品、产成品、商品、周转材料、委托加工物资、消耗性生物资产等。

（一）原材料，是指小企业在生产过程中经加工改变其形态或性质并构成产品主要实体的各种原料及主要材料、辅助材料、外购半成品（外购件）、修理用备件（备品备件）、包装材料、燃料等。

（二）在产品，是指小企业正在制造尚未完工的产品。包括：正在各个生产工序加工的产品，以及已加工完毕但尚未检验或已检验但尚未办理入库手续的产品。

（三）半成品，是指小企业经过一定生产过程并已检验合格交付半成品仓库保管，但尚未制造完工成为产成品，仍需进一步加工的中间产品。

（四）产成品，是指小企业已经完成全部生产过程并已验收入库，符合标准规格和技术条件，可以按照合同规定的条件送交订货单位，或者可以作为商品对外销售的产品。

（五）商品，是指小企业（批发业、零售业）外购或委托加工完成并已验收入库用于销售的各种商品。

学习笔记

（六）周转材料，是指小企业能够多次使用、逐渐转移其价值但仍保持原有形态且不确认为固定资产的材料。包括：包装物、低值易耗品、小企业（建筑业）的钢模板、木模板、脚手架等。

（七）委托加工物资，是指小企业委托外单位加工的各种材料、商品等物资。

（八）消耗性生物资产，是指小企业（农、林、牧、渔业）生长中的大田作物、蔬菜、用材林以及存栏待售的牲畜等。

第十二条 小企业取得的存货，应当按照成本进行计量。

（一）外购存货的成本包括：购买价款、相关税费、运输费、装卸费、保险费以及在外购存货过程发生的其他直接费用，但不含按照税法规定可以抵扣的增值税进项税额。

（二）通过进一步加工取得存货的成本包括：直接材料、直接人工以及按照一定方法分配的制造费用。

经过1年期以上的制造才能达到预定可销售状态的存货发生的借款费用，也计入存货的成本。

前款所称借款费用，是指小企业因借款而发生的利息及其他相关成本。包括：借款利息、辅助费用以及因外币借款而发生的汇兑差额等。

（三）投资者投入存货的成本，应当按照评估价值确定。

（四）提供劳务的成本包括：与劳务提供直接相关的人工费、材料费和应分摊的间接费用。

（五）自行栽培、营造、繁殖或养殖的消耗性生物资产的成本，应当按照下列规定确定：

1. 自行栽培的大田作物和蔬菜的成本包括：在收获前耗用的种子、肥料、农药等材料费、人工费和应分摊的间接费用。

2. 自行营造的林木类消耗性生物资产的成本包括：郁闭前发生的造林费、抚育费、营林设施费、良种试验费、调查设计费和应分摊的间接费用。

3. 自行繁殖的育肥畜的成本包括：出售前发生的饲料费、人工费和应分摊的间接费用。

4. 水产养殖的动物和植物的成本包括：在出售或入库前耗用的苗种、饲料、肥料等材料费、人工费和应分摊的间接费用。

（六）盘盈存货的成本，应当按照同类或类似存货的市场价格或评估价值确定。

学习笔记

第十三条 小企业应当采用先进先出法、加权平均法或者个别计价法确定发出存货的实际成本。计价方法一经选用，不得随意变更。

对于性质和用途相似的存货，应当采用相同的成本计算方法确定发出存货的成本。

对于不能替代使用的存货、为特定项目专门购入或制造的存货以及提供的劳务，采用个别计价法确定发出存货的成本。

对于周转材料，采用一次转销法进行会计处理，在领用时按其成本计入生产成本或当期损益；金额较大的周转材料，也可以采用分次摊销法进行会计处理。出租或出借周转材料，不需要结转其成本，但应当进行备查登记。

对于已售存货，应当将其成本结转为营业成本。

第十四条 小企业应当根据生产特点和成本管理的要求，选择适合于本企业的成本核算对象、成本项目和成本计算方法。

小企业发生的各项生产费用，应当按照成本核算对象和成本项目分别归集。

（一）属于材料费、人工费等直接费用，直接计入基本生产成本和辅助生产成本。

（二）属于辅助生产车间为生产产品提供的动力等直接费用，可以先作为辅助生产成本进行归集，然后按照合理的方法分配计入基本生产成本；也可以直接计入所生产产品发生的生产成本。

（三）其他间接费用应当作为制造费用进行归集，月度终了，再按一定的分配标准，分配计入有关产品的成本。

第十五条 存货发生毁损，处置收入、可收回的责任人赔偿和保险赔款，扣除其成本、相关税费后的净额，应当计入营业外支出或营业外收入。

盘盈存货实现的收益应当计入营业外收入。

盘亏存货发生的损失应当计入营业外支出。

第二节 长期投资

第十六条 小企业的非流动资产，是指流动资产以外的资产。

小企业的非流动资产包括：长期债券投资、长期股权投资、固定资产、生产性生物资产、无形资产、长期待摊费用等。

第十七条 长期债券投资，是指小企业准备长期（在1年以上，下同）持有的债券投资。

学习笔记

第十八条 长期债券投资应当按照购买价款和相关税费作为成本进行计量。

实际支付价款中包含的已到付息期但尚未领取的债券利息，应当单独确认为应收利息，不计入长期债券投资的成本。

第十九条 长期债券投资在持有期间发生的应收利息应当确认为投资收益。

（一）分期付息、一次还本的长期债券投资，在债务人应付利息日按照票面利率计算的应收未收利息收入应当确认为应收利息，不增加长期债券投资的账面余额。

（二）一次还本付息的长期债券投资，在债务人应付利息日按照票面利率计算的应收未收利息收入应当增加长期债券投资的账面余额。

（三）债券的折价或者溢价在债券存续期间内于确认相关债券利息收入时采用直线法进行摊销。

第二十条 长期债券投资到期，小企业收回长期债券投资，应当冲减其账面余额。

处置长期债券投资，处置价款扣除其账面余额、相关税费后的净额，应当计入投资收益。

第二十一条 小企业长期债券投资符合本准则第十条所列条件之一的，减除可收回的金额后确认的无法收回的长期债券投资，作为长期债券投资损失。

长期债券投资损失应当于实际发生时计入营业外支出，同时冲减长期债券投资账面余额。

第二十二条 长期股权投资，是指小企业准备长期持有的权益性投资。

第二十三条 长期股权投资应当按照成本进行计量。

（一）以支付现金取得的长期股权投资，应当按照购买价款和相关税费作为成本进行计量。

实际支付价款中包含的已宣告但尚未发放的现金股利，应当单独确认为应收股利，不计入长期股权投资的成本。

（二）通过非货币性资产交换取得的长期股权投资，应当按照换出非货币性资产的评估价值和相关税费作为成本进行计量。

第二十四条 长期股权投资应当采用成本法进行会计处理。

在长期股权投资持有期间，被投资单位宣告分派的现金股利或利润，应当按照应分得的金额确认为投资收益。

学习笔记

第二十五条 处置长期股权投资，处置价款扣除其成本、相关税费后的净额，应当计入投资收益。

第二十六条 小企业长期股权投资符合下列条件之一的，减除可收回的金额后确认的无法收回的长期股权投资，作为长期股权投资损失：

（一）被投资单位依法宣告破产、关闭、解散、被撤销，或者被依法注销、吊销营业执照的。

（二）被投资单位财务状况严重恶化，累计发生巨额亏损，已连续停止经营3年以上，且无重新恢复经营改组计划的。

（三）对被投资单位不具有控制权，投资期限届满或者投资期限已超过10年，且被投资单位因连续3年经营亏损导致资不抵债的。

（四）被投资单位财务状况严重恶化，累计发生巨额亏损，已完成清算或清算期超过3年以上的。

（五）国务院财政、税务主管部门规定的其他条件。

长期股权投资损失应当于实际发生时计入营业外支出，同时冲减长期股权投资账面余额。

第三节 固定资产和生产性生物资产

第二十七条 固定资产，是指小企业为生产产品、提供劳务、出租或经营管理而持有的，使用寿命超过1年的有形资产。

小企业的固定资产包括：房屋、建筑物、机器、机械、运输工具、设备、器具、工具等。

第二十八条 固定资产应当按照成本进行计量。

（一）外购固定资产的成本包括：购买价款、相关税费、运输费、装卸费、保险费、安装费等，但不含按照税法规定可以抵扣的增值税进项税额。

以一笔款项购入多项没有单独标价的固定资产，应当按照各项固定资产或类似资产的市场价格或评估价值比例对总成本进行分配，分别确定各项固定资产的成本。

（二）自行建造固定资产的成本，由建造该项资产在竣工决算前发生的支出（含相关的借款费用）构成。

小企业在建工程在试运转过程中形成的产品、副产品或试车收入冲减在建工程成本。

（三）投资者投入固定资产的成本，应当按照评估价值和相关税费确定。

学习笔记

（四）融资租入的固定资产的成本，应当按照租赁合同约定的付款总额和在签订租赁合同过程中发生的相关税费等确定。

（五）盘盈固定资产的成本，应当按照同类或者类似固定资产的市场价格或评估价值，扣除按照该项固定资产新旧程度估计的折旧后的余额确定。

第二十九条 小企业应当对所有固定资产计提折旧，但已提足折旧仍继续使用的固定资产和单独计价入账的土地不得计提折旧。

固定资产的折旧费应当根据固定资产的受益对象计入相关资产成本或者当期损益。

前款所称折旧，是指在固定资产使用寿命内，按照确定的方法对应计折旧额进行系统分摊。应计折旧额，是指应当计提折旧的固定资产的原价（成本）扣除其预计净残值后的金额。预计净残值，是指固定资产预计使用寿命已满，小企业从该项固定资产处置中获得的扣除预计处置费用后的净额。已提足折旧，是指已经提足该项固定资产的应计折旧额。

第三十条 小企业应当按照年限平均法（即直线法，下同）计提折旧。小企业的固定资产由于技术进步等原因，确需加速折旧的，可以采用双倍余额递减法和年数总和法。

小企业应当根据固定资产的性质和使用情况，并考虑税法的规定，合理确定固定资产的使用寿命和预计净残值。

固定资产的折旧方法、使用寿命、预计净残值一经确定，不得随意变更。

第三十一条 小企业应当按月计提折旧，当月增加的固定资产，当月不计提折旧，从下月起计提折旧；当月减少的固定资产，当月仍计提折旧，从下月起不计提折旧。

第三十二条 固定资产的日常修理费，应当在发生时根据固定资产的受益对象计入相关资产成本或者当期损益。

第三十三条 固定资产的改建支出，应当计入固定资产的成本，但已提足折旧的固定资产和经营租入的固定资产发生的改建支出应当计入长期待摊费用。

前款所称固定资产的改建支出，是指改变房屋或者建筑物结构、延长使用年限等发生的支出。

第三十四条 处置固定资产，处置收入扣除其账面价值、相关税费和清理费用后的净额，应当计入营业外收入或营业外支出。

学习笔记

前款所称固定资产的账面价值，是指固定资产原价（成本）扣减累计折旧后的金额。

盘亏固定资产发生的损失应当计入营业外支出。

第三十五条 生产性生物资产，是指小企业（农、林、牧、渔业）为生产农产品、提供劳务或出租等目的而持有的生物资产。包括：经济林、薪炭林、产畜和役畜等。

第三十六条 生产性生物资产应当按照成本进行计量。

（一）外购的生产性生物资产的成本，应当按照购买价款和相关税费确定。

（二）自行营造或繁殖的生产性生物资产的成本，应当按照下列规定确定：

1. 自行营造的林木类生产性生物资产的成本包括：达到预定生产经营目的前发生的造林费、抚育费、营林设施费、良种试验费、调查设计费和应分摊的间接费用等必要支出。

2. 自行繁殖的产畜和役畜的成本包括：达到预定生产经营目的前发生的饲料费、人工费和应分摊的间接费用等必要支出。

前款所称达到预定生产经营目的，是指生产性生物资产进入正常生产期，可以多年连续稳定产出农产品、提供劳务或出租。

第三十七条 生产性生物资产应当按照年限平均法计提折旧。

小企业（农、林、牧、渔业）应当根据生产性生物资产的性质和使用情况，并考虑税法的规定，合理确定生产性生物资产的使用寿命和预计净残值。

生产性生物资产的折旧方法、使用寿命、预计净残值一经确定，不得随意变更。

小企业（农、林、牧、渔业）应当自生产性生物资产投入使用月份的下月起按月计提折旧；停止使用的生产性生物资产，应当自停止使用月份的下月起停止计提折旧。

第四节 无形资产

第三十八条 无形资产，是指小企业为生产产品、提供劳务、出租或经营管理而持有的、没有实物形态的可辨认非货币性资产。

小企业的无形资产包括：土地使用权、专利权、商标权、著作权、非专利技术等。

学习笔记

自行开发建造厂房等建筑物，相关的土地使用权与建筑物应当分别进行处理。外购土地及建筑物支付的价款应当在建筑物与土地使用权之间按照合理的方法进行分配；难以合理分配的，应当全部作为固定资产。

第三十九条 无形资产应当按照成本进行计量。

（一）外购无形资产的成本包括：购买价款、相关税费和相关的其他支出（含相关的借款费用）。

（二）投资者投入的无形资产的成本，应当按照评估价值和相关税费确定。

（三）自行开发的无形资产的成本，由符合资本化条件后至达到预定用途前发生的支出（含相关的借款费用）构成。

第四十条 小企业自行开发无形资产发生的支出，同时满足下列条件的，才能确认为无形资产：

（一）完成该无形资产以使其能够使用或出售在技术上具有可行性；

（二）具有完成该无形资产并使用或出售的意图；

（三）能够证明运用该无形资产生产的产品存在市场或无形资产自身存在市场，无形资产将在内部使用的，应当证明其有用性；

（四）有足够的技术、财务资源和其他资源支持，以完成该无形资产的开发，并有能力使用或出售该无形资产；

（五）归属于该无形资产开发阶段的支出能够可靠地计量。

第四十一条 无形资产应当在其使用寿命内采用年限平均法进行摊销，根据其受益对象计入相关资产成本或者当期损益。

无形资产的摊销期自其可供使用时开始至停止使用或出售时止。有关法律规定或合同约定了使用年限的，可以按照规定或约定的使用年限分期摊销。

小企业不能可靠估计无形资产使用寿命的，摊销期不得低于10年。

第四十二条 处置无形资产，处置收入扣除其账面价值、相关税费等后的净额，应当计入营业外收入或营业外支出。

前款所称无形资产的账面价值，是指无形资产的成本扣减累计摊销后的金额。

第五节 长期待摊费用

第四十三条 小企业的长期待摊费用包括：已提足折旧的固定资产的改建支出、经营租入固定资产的改建支出、固定资产的大修理支出和其他长期待摊费用等。

学习笔记

前款所称固定资产的大修理支出，是指同时符合下列条件的支出：

（一）修理支出达到取得固定资产时的计税基础50%以上；

（二）修理后固定资产的使用寿命延长2年以上。

第四十四条 长期待摊费用应当在其摊销期限内采用年限平均法进行摊销，根据其受益对象计入相关资产的成本或者管理费用，并冲减长期待摊费用。

（一）已提足折旧的固定资产的改建支出，按照固定资产预计尚可使用年限分期摊销。

（二）经营租入固定资产的改建支出，按照合同约定的剩余租赁期限分期摊销。

（三）固定资产的大修理支出，按照固定资产尚可使用年限分期摊销。

（四）其他长期待摊费用，自支出发生月份的下月起分期摊销，摊销期不得低于3年。

第三章 负债

第四十五条 负债，是指小企业过去的交易或者事项形成的，预期会导致经济利益流出小企业的现时义务。

小企业的负债按照其流动性，可分为流动负债和非流动负债。

第一节 流动负债

第四十六条 小企业的流动负债，是指预计在1年内或者超过1年的一个正常营业周期内清偿的债务。

小企业的流动负债包括：短期借款、应付及预收款项、应付职工薪酬、应交税费、应付利息等。

第四十七条 各项流动负债应当按照其实际发生额入账。

小企业确实无法偿付的应付款项，应当计入营业外收入。

第四十八条 短期借款应当按照借款本金和借款合同利率在应付利息日计提利息费用，计入财务费用。

第四十九条 应付职工薪酬，是指小企业为获得职工提供的服务而应付给职工的各种形式的报酬以及其他相关支出。

小企业的职工薪酬包括：

（一）职工工资、奖金、津贴和补贴。

（二）职工福利费。

学习笔记

（三）医疗保险费、养老保险费、失业保险费、工伤保险费和生育保险费等社会保险费。

（四）住房公积金。

（五）工会经费和职工教育经费。

（六）非货币性福利。

（七）因解除与职工的劳动关系给予的补偿。

（八）其他与获得职工提供的服务相关的支出等。

第五十条 小企业应当在职工为其提供服务的会计期间，将应付的职工薪酬确认为负债，并根据职工提供服务的受益对象，分下列情况进行会计处理：

（一）应由生产产品、提供劳务负担的职工薪酬，计入产品成本或劳务成本。

（二）应由在建工程、无形资产开发项目负担的职工薪酬，计入固定资产成本或无形资产成本。

（三）其他职工薪酬（含因解除与职工的劳动关系给予的补偿），计入当期损益。

第二节 非流动负债

第五十一条 小企业的非流动负债，是指流动负债以外的负债。

小企业的非流动负债包括：长期借款、长期应付款等。

第五十二条 非流动负债应当按照其实际发生额入账。

长期借款应当按照借款本金和借款合同利率在应付利息日计提利息费用，计入相关资产成本或财务费用。

第四章 所有者权益

第五十三条 所有者权益，是指小企业资产扣除负债后由所有者享有的剩余权益。

小企业的所有者权益包括：实收资本（或股本，下同）、资本公积、盈余公积和未分配利润。

第五十四条 实收资本，是指投资者按照合同协议约定或相关规定投入到小企业、构成小企业注册资本的部分。

（一）小企业收到投资者以现金或非货币性资产投入的资本，应当按照其在本企业注册资本中所占的份额计入实收资本，超出的部分，应当计入资

学习笔记

本公积。

（二）投资者根据有关规定对小企业进行增资或减资，小企业应当增加或减少实收资本。

第五十五条 资本公积，是指小企业收到的投资者出资额超过其在注册资本或股本中所占份额的部分。

小企业用资本公积转增资本，应当冲减资本公积。小企业的资本公积不得用于弥补亏损。

第五十六条 盈余公积，是指小企业按照法律规定在税后利润中提取的法定公积金和任意公积金。

小企业用盈余公积弥补亏损或者转增资本，应当冲减盈余公积。小企业的盈余公积还可以用于扩大生产经营。

第五十七条 未分配利润，是指小企业实现的净利润，经过弥补亏损、提取法定公积金和任意公积金、向投资者分配利润后，留存在本企业的、历年结存的利润。

第五章 收入

第五十八条 收入，是指小企业在日常生产经营活动中形成的、会导致所有者权益增加、与所有者投入资本无关的经济利益的总流入。包括：销售商品收入和提供劳务收入。

第五十九条 销售商品收入，是指小企业销售商品（或产成品、材料，下同）取得的收入。

通常，小企业应当在发出商品且收到货款或取得收款权利时，确认销售商品收入。

（一）销售商品采用托收承付方式的，在办妥托收手续时确认收入。

（二）销售商品采取预收款方式的，在发出商品时确认收入。

（三）销售商品采用分期收款方式的，在合同约定的收款日期确认收入。

（四）销售商品需要安装和检验的，在购买方接受商品以及安装和检验完毕时确认收入。安装程序比较简单的，可在发出商品时确认收入。

（五）销售商品采用支付手续费方式委托代销的，在收到代销清单时确认收入。

（六）销售商品以旧换新的，销售的商品作为商品销售处理，回收的商品作为购进商品处理。

（七）采取产品分成方式取得的收入，在分得产品之日按照产品的市场

学习笔记

价格或评估价值确定销售商品收入金额。

第六十条 小企业应当按照从购买方已收或应收的合同或协议价款，确定销售商品收入金额。

销售商品涉及现金折扣的，应当按照扣除现金折扣前的金额确定销售商品收入金额。现金折扣应当在实际发生时，计入当期损益。

销售商品涉及商业折扣的，应当按照扣除商业折扣后的金额确定销售商品收入金额。

前款所称现金折扣，是指债权人为鼓励债务人在规定的期限内付款而向债务人提供的债务扣除。商业折扣，是指小企业为促进商品销售而在商品标价上给予的价格扣除。

第六十一条 小企业已经确认销售商品收入的售出商品发生的销售退回（不论属于本年度还是属于以前年度的销售），应当在发生时冲减当期销售商品收入。

小企业已经确认销售商品收入的售出商品发生的销售折让，应当在发生时冲减当期销售商品收入。

前款所称销售退回，是指小企业售出的商品由于质量、品种不符合要求等原因发生的退货。销售折让，是指小企业因售出商品的质量不合格等原因而在售价上给予的减让。

第六十二条 小企业提供劳务的收入，是指小企业从事建筑安装、修理修配、交通运输、仓储租赁、邮电通信、咨询经纪、文化体育、科学研究、技术服务、教育培训、餐饮住宿、中介代理、卫生保健、社区服务、旅游、娱乐、加工以及其他劳务服务活动取得的收入。

第六十三条 同一会计年度内开始并完成的劳务，应当在提供劳务交易完成且收到款项或取得收款权利时，确认提供劳务收入。提供劳务收入的金额为从接受劳务方已收或应收的合同或协议价款。

劳务的开始和完成分属不同会计年度的，应当按照完工进度确认提供劳务收入。年度资产负债表日，按照提供劳务收入总额乘以完工进度扣除以前会计年度累计已确认提供劳务收入后的金额，确认本年度的提供劳务收入；同时，按照估计的提供劳务成本总额乘以完工进度扣除以前会计年度累计已确认营业成本后的金额，结转本年度营业成本。

第六十四条 小企业与其他企业签订的合同或协议包含销售商品和提供劳务时，销售商品部分和提供劳务部分能够区分且能够单独计量的，应当将销售商品的部分作为销售商品处理，将提供劳务的部分作为提供劳务处理。

销售商品部分和提供劳务部分不能够区分，或虽能区分但不能够单独计量的，应当作为销售商品处理。

学习笔记

第六章 费用

第六十五条 费用，是指小企业在日常生产经营活动中发生的、会导致所有者权益减少、与向所有者分配利润无关的经济利益的总流出。

小企业的费用包括：营业成本、营业税金及附加、销售费用、管理费用、财务费用等。

（一）营业成本，是指小企业所销售商品的成本和所提供劳务的成本。

（二）营业税金及附加，是指小企业开展日常生产经营活动应负担的消费税、营业税、城市维护建设税、资源税、土地增值税、城镇土地使用税、房产税、车船税、印花税和教育费附加、矿产资源补偿费、排污费等。

（三）销售费用，是指小企业在销售商品或提供劳务过程中发生的各种费用。包括：销售人员的职工薪酬、商品维修费、运输费、装卸费、包装费、保险费、广告费、业务宣传费、展览费等费用。

小企业（批发业、零售业）在购买商品过程中发生的费用（包括：运输费、装卸费、包装费、保险费、运输途中的合理损耗和入库前的挑选整理费等）也构成销售费用。

（四）管理费用，是指小企业为组织和管理生产经营发生的其他费用。包括：小企业在筹建期间内发生的开办费、行政管理部门发生的费用（包括：固定资产折旧费、修理费、办公费、水电费、差旅费、管理人员的职工薪酬等）、业务招待费、研究费用、技术转让费、相关长期待摊费用摊销、财产保险费、聘请中介机构费、咨询费（含顾问费）、诉讼费等费用。

（五）财务费用，是指小企业为筹集生产经营所需资金发生的筹资费用。包括：利息费用（减利息收入）、汇兑损失、银行相关手续费、小企业给予的现金折扣（减享受的现金折扣）等费用。

第六十六条 通常，小企业的费用应当在发生时按照其发生额计入当期损益。

小企业销售商品收入和提供劳务收入已予确认的，应当将已销售商品和已提供劳务的成本作为营业成本结转至当期损益。

第七章 利润及利润分配

第六十七条 利润，是指小企业在一定会计期间的经营成果。包括：营

学习笔记

业利润、利润总额和净利润。

（一）营业利润，是指营业收入减去营业成本、营业税金及附加、销售费用、管理费用、财务费用，加上投资收益（或减去投资损失）后的金额。

前款所称营业收入，是指小企业销售商品和提供劳务实现的收入总额。投资收益，由小企业股权投资取得的现金股利（或利润）、债券投资取得的利息收入和处置股权投资和债券投资取得的处置价款扣除成本或账面余额、相关税费后的净额三部分构成。

（二）利润总额，是指营业利润加上营业外收入，减去营业外支出后的金额。

（三）净利润，是指利润总额减去所得税费用后的净额。

第六十八条 营业外收入，是指小企业非日常生产经营活动形成的、应当计入当期损益、会导致所有者权益增加、与所有者投入资本无关的经济利益的净流入。

小企业的营业外收入包括：非流动资产处置净收益、政府补助、捐赠收益、盘盈收益、汇兑收益、出租包装物和商品的租金收入、逾期未退包装物押金收益、确实无法偿付的应付款项、已作坏账损失处理后又收回的应收款项、违约金收益等。

通常，小企业的营业外收入应当在实现时按照其实现金额计入当期损益。

第六十九条 政府补助，是指小企业从政府无偿取得货币性资产或非货币性资产，但不含政府作为小企业所有者投入的资本。

（一）小企业收到与资产相关的政府补助，应当确认为递延收益，并在相关资产的使用寿命内平均分配，计入营业外收入。

收到的其他政府补助，用于补偿本企业以后期间的相关费用或亏损的，确认为递延收益，并在确认相关费用或发生亏损的期间，计入营业外收入；用于补偿本企业已发生的相关费用或亏损的，直接计入营业外收入。

（二）政府补助为货币性资产的，应当按照收到的金额计量。

政府补助为非货币性资产的，政府提供了有关凭据的，应当按照凭据上标明的金额计量；政府没有提供有关凭据的，应当按照同类或类似资产的市场价格或评估价值计量。

（三）小企业按照规定实行企业所得税、增值税、消费税、营业税等先征后返的，应当在实际收到返还的企业所得税、增值税（不含出口退税）、消费税、营业税时，计入营业外收入。

学习笔记

第七十条 营业外支出，是指小企业非日常生产经营活动发生的、应当计入当期损益、会导致所有者权益减少、与向所有者分配利润无关的经济利益的净流出。

小企业的营业外支出包括：存货的盘亏、毁损、报废损失，非流动资产处置净损失，坏账损失，无法收回的长期债券投资损失，无法收回的长期股权投资损失，自然灾害等不可抗力因素造成的损失，税收滞纳金，罚金，罚款，被没收财物的损失，捐赠支出，赞助支出等。

通常，小企业的营业外支出应当在发生时按照其发生额计入当期损益。

第七十一条 小企业应当按照企业所得税法规定计算的当期应纳税额，确认所得税费用。

小企业应当在利润总额的基础上，按照企业所得税法规定进行纳税调整，计算出当期应纳税所得额，按照应纳税所得额与适用所得税税率为基础计算确定当期应纳税额。

第七十二条 小企业以当年净利润弥补以前年度亏损等剩余的税后利润，可用于向投资者进行分配。

小企业（公司制）在分配当年税后利润时，应当按照公司法的规定提取法定公积金和任意公积金。

第八章　外币业务

第七十三条 小企业的外币业务由外币交易和外币财务报表折算构成。

第七十四条 外币交易，是指小企业以外币计价或者结算的交易。

小企业的外币交易包括：买入或者卖出以外币计价的商品或者劳务、借入或者借出外币资金和其他以外币计价或者结算的交易。

前款所称外币，是指小企业记账本位币以外的货币。记账本位币，是指小企业经营所处的主要经济环境中的货币。

第七十五条 小企业应当选择人民币作为记账本位币。业务收支以人民币以外的货币为主的小企业，可以选定其中一种货币作为记账本位币，但编报的财务报表应当折算为人民币财务报表。

小企业记账本位币一经确定，不得随意变更，但小企业经营所处的主要经济环境发生重大变化除外。

小企业因经营所处的主要经济环境发生重大变化，确需变更记账本位币的，应当采用变更当日的即期汇率将所有项目折算为变更后的记账本位币。

学习笔记

前款所称即期汇率，是指中国人民银行公布的当日人民币外汇牌价的中间价。

第七十六条 小企业对于发生的外币交易，应当将外币金额折算为记账本位币金额。

外币交易在初始确认时，采用交易发生日的即期汇率将外币金额折算为记账本位币金额；也可以采用交易当期平均汇率折算。

小企业收到投资者以外币投入的资本，应当采用交易发生日即期汇率折算，不得采用合同约定汇率和交易当期平均汇率折算。

第七十七条 小企业在资产负债表日，应当按照下列规定对外币货币性项目和外币非货币性项目进行会计处理：

（一）外币货币性项目，采用资产负债表日的即期汇率折算。因资产负债表日即期汇率与初始确认时或者前一资产负债表日即期汇率不同而产生的汇兑差额，计入当期损益。

（二）以历史成本计量的外币非货币性项目，仍采用交易发生日的即期汇率折算，不改变其记账本位币金额。

前款所称货币性项目，是指小企业持有的货币资金和将以固定或可确定的金额收取的资产或者偿付的负债。货币性项目分为货币性资产和货币性负债。货币性资产包括：库存现金、银行存款、应收账款、其他应收款等；货币性负债包括：短期借款、应付账款、其他应付款、长期借款、长期应付款等。非货币性项目，是指货币性项目以外的项目。包括：存货、长期股权投资、固定资产、无形资产等。

第七十八条 小企业对外币财务报表进行折算时，应当采用资产负债表日的即期汇率对外币资产负债表、利润表和现金流量表的所有项目进行折算。

第九章　财务报表

第七十九条 财务报表，是指对小企业财务状况、经营成果和现金流量的结构性表述。小企业的财务报表至少应当包括下列组成部分：

（一）资产负债表；

（二）利润表；

（三）现金流量表；

（四）附注。

学习笔记

第八十条 资产负债表，是指反映小企业在某一特定日期的财务状况的报表。

（一）资产负债表中的资产类至少应当单独列示反映下列信息的项目：

1. 货币资金；

2. 应收及预付款项；

3. 存货；

4. 长期债券投资；

5. 长期股权投资；

6. 固定资产；

7. 生产性生物资产；

8. 无形资产；

9. 长期待摊费用。

（二）资产负债表中的负债类至少应当单独列示反映下列信息的项目：

1. 短期借款；

2. 应付及预收款项；

3. 应付职工薪酬；

4. 应交税费；

5. 应付利息；

6. 长期借款；

7. 长期应付款。

（三）资产负债表中的所有者权益类至少应当单独列示反映下列信息的项目：

1. 实收资本；

2. 资本公积；

3. 盈余公积；

4. 未分配利润。

（四）资产负债表中的资产类应当包括流动资产和非流动资产的合计项目；负债类应当包括流动负债、非流动负债和负债的合计项目；所有者权益类应当包括所有者权益的合计项目。

资产负债表应当列示资产总计项目，负债和所有者权益总计项目。

第八十一条 利润表，是指反映小企业在一定会计期间的经营成果的报表。

学习笔记

费用应当按照功能分类，分为营业成本、营业税金及附加、销售费用、管理费用和财务费用等。

利润表至少应当单独列示反映下列信息的项目：

（一）营业收入；

（二）营业成本；

（三）营业税金及附加；

（四）销售费用；

（五）管理费用；

（六）财务费用；

（七）所得税费用；

（八）净利润。

第八十二条 现金流量表，是指反映小企业在一定会计期间现金流入和流出情况的报表。

现金流量表应当分别经营活动、投资活动和筹资活动列报现金流量。现金流量应当分别按照现金流入和现金流出总额列报。

前款所称现金，是指小企业的库存现金以及可以随时用于支付的存款和其他货币资金。

第八十三条 经营活动，是指小企业投资活动和筹资活动以外的所有交易和事项。

小企业经营活动产生的现金流量应当单独列示反映下列信息的项目：

（一）销售产成品、商品、提供劳务收到的现金；

（二）购买原材料、商品、接受劳务支付的现金；

（三）支付的职工薪酬；

（四）支付的税费。

第八十四条 投资活动，是指小企业固定资产、无形资产、其他非流动资产的购建和短期投资、长期债券投资、长期股权投资及其处置活动。

小企业投资活动产生的现金流量应当单独列示反映下列信息的项目：

（一）收回短期投资、长期债券投资和长期股权投资收到的现金；

（二）取得投资收益收到的现金；

（三）处置固定资产、无形资产和其他非流动资产收回的现金净额；

（四）短期投资、长期债券投资和长期股权投资支付的现金；

（五）购建固定资产、无形资产和其他非流动资产支付的现金。

学习笔记

第八十五条 筹资活动，是指导致小企业资本及债务规模和构成发生变化的活动。

小企业筹资活动产生的现金流量应当单独列示反映下列信息的项目：

（一）取得借款收到的现金；

（二）吸收投资者投资收到的现金；

（三）偿还借款本金支付的现金；

（四）偿还借款利息支付的现金；

（五）分配利润支付的现金。

第八十六条 附注，是指对在资产负债表、利润表和现金流量表等报表中列示项目的文字描述或明细资料，以及对未能在这些报表中列示项目的说明等。

附注应当按照下列顺序披露：

（一）遵循小企业会计准则的声明。

（二）短期投资、应收账款、存货、固定资产项目的说明。

（三）应付职工薪酬、应交税费项目的说明。

（四）利润分配的说明。

（五）用于对外担保的资产名称、账面余额及形成的原因；未决诉讼、未决仲裁以及对外提供担保所涉及的金额。

（六）发生严重亏损的，应当披露持续经营的计划、未来经营的方案。

（七）对已在资产负债表和利润表中列示项目与企业所得税法规定存在差异的纳税调整过程。

（八）其他需要在附注中说明的事项。

第八十七条 小企业应当根据实际发生的交易和事项，按照本准则的规定进行确认和计量，在此基础上按月或者按季编制财务报表。

第八十八条 小企业对会计政策变更、会计估计变更和会计差错更正应当采用未来适用法进行会计处理。

前款所称会计政策，是指小企业在会计确认、计量和报告中所采用的原则、基础和会计处理方法。会计估计变更，是指由于资产和负债的当前状况及预期经济利益和义务发生了变化，从而对资产或负债的账面价值或者资产的定期消耗金额进行调整。前期差错包括：计算错误、应用会计政策错误、应用会计估计错误等。未来适用法，是指将变更后的会计政策和会计估计应用于变更日及以后发生的交易或者事项，或者在会计差错发生或发现的当期

学习笔记

更正差错的方法。

第十章　附则

第八十九条　符合《中小企业划型标准规定》所规定的微型企业标准的企业参照执行本准则。

第九十条　本准则自2013年1月1日起施行。财政部2004年发布的《小企业会计制度》（财会［2004］2号）同时废止。

学习笔记

参考文献

[1] 林小岗，吴传钰. 餐饮业成本核算[M]. 北京：中国旅游出版社，2011.

[2] 何海兰. 餐饮成本核算[M]. 北京：高等教育出版社，2001.

[3] 向家方. 餐饮业成本核算[M]. 北京：中国商业出版社，2000.

[4] 段仕洪. 现代餐饮成本核算与控制[M]. 上海：上海财经大学出版社，2009.

[5] 黄卫民，徐守富. 餐饮成本核算[M]. 北京：中国商业出版社，2007.